FRONTISPICE, 1er Vol.

Anacharsis et Timàgene quittent la Scythie.

PETIT ANACHARSIS,

OU

VOYAGE

du Jeune Anacharsis

en GRÈCE,

Abrégé de J. J. Barthélemy,

Pour l'usage de la Jeunesse

par H. LEMAIRE.

TOME I.

A PARIS,

A la Librairie d'Education

de PIERRE BLANCHARD,

Galerie Montesquieu, N°1, au Prem.^r

Petit Dictionnaire des Inventions, 1 fort vol. in-18, fig. Prix, 1 fr. 50 cent.

L'Ami des Petits Enfans, ou les Contes les plus simples de *Berquin, Campe*, et *Pierre Blanchard* ; 2 vol. in-18, ornés de jolies figures. Prix, 2 fr. 50 cent.

Le petit Anacharsis, 2 vol. in-18, fig. Prix, 2 fr. 50 c.

Modèles des Enfans, 1 vol. in-18, fig. Prix, 1 fr. 25 c.

Modèles des Jeunes Personnes, 1 vol. in-18, fig. ; cinquième édition. Prix, 1 fr. 25 cent.

Modèles de la Jeunesse chrétienne, 1 vol. in-18, figures; troisième édition. Prix, 1 fr. 25 cent.

Les Accidens de l'Enfance, par *Pierre Blanchard*. 1 vol. in-18, fig. ; cinquième édition. Prix, 1 fr. 25 c.

Les Enfans studieux, quatrième édition. 1 vol. in-18, fig. Prix, 1 fr. 25 c.

Premières connaissances, à l'usage des enfans qui commencent à lire. 1 vol. in-18, fig. ; quatrième édit. Prix, 1 fr. 25 cent.

Présent d'une Sœur à son Frère, et d'un Frère à sa Sœur, petits contes. 1 vol. in-18, fig. ; troisième édition. Prix, 1 fr. 25 cent.

Le La Fontaine des Enfans, ou Choix des Fables de La Fontaine les plus simples et les plus morales; troisième édition. 1 vol. in-18, figures. Prix, 1 fr. 25 cent.

Les petits Peureux corrigés, 1 vol. in-18, fig. Prix, 1 fr. 25 cent.

Geneviève dans les bois, 1 vol. in-18, fig. Prix, 1 fr. 25 c.

Tom Pouce, 1 vol. in-18, fig. Prix, 1 fr. 25 c.

Leçons pour les Enfans de trois à cinq ans, 1 vol. in-18, fig. Prix, 1 fr. 25 c.

Contes pour les Enfans de cinq à six ans, 1 vol. in-18, fig. Prix, 1 fr. 25 c.

Comment le jeune Henri apprit à connaître Dieu. 1 vol. in-18, fig. Prix, 1 fr. 25 c.

Dictionnaire des Locutions vicieuses les plus communes, et des mots dénaturés ou mal employés. 1 vol. in-18. Prix, 1 fr. 25 cent.

Le Secrétaire des Enfans, 1 vol. in-18. Prix, 1 fr. 25 c.

Petit Télémaque, ou Précis des aventures de Télémaque. 1 vol. in-18, fig. Prix, 1 fr. 25 c.

Vie du jeune Louis XVII, écrite en faveur de la jeunesse ; deuxième édition. 1 vol. in-18, fig. Prix, 1 fr. 25 cent.

Vie de Sainte Geneviève, patronne de Paris. 1 v. in-18 ; jolie édition, ornée de 4 fig. Prix, 1 fr. 25 c.

La Grammaire en Dialogue, par le Vallois. 1 vol. in-12. Prix, 1 fr.

La Géographie en Estampes, ou les Mœurs et les Costumes des Peuples. 1 vol. in-8° oblong, avec couverture cartonnée et imprimée, et orné de 30 pl. Prix, 8 fr.

Le Miroir des Enfans, estampes morales, cahier in-16 oblong, cartonné, avec une couverture imprimée ; seconde édition. Prix, 1 fr. 50 cent.

Le petit Enfant prodigue, 1 cahier oblong, orné de 16 jolies grav. ; seconde édit. Prix, 1 fr. 80 c.

Joseph et ses Frères, 1 cahier in-16 oblong, fig. et couverture cart. et imprimée. Prix, 1 fr. 25 c.

Le Petit Conteur, cahier in-8° oblong, orné de 12 jolies gravures ; couverture cartonnée et imprimée. Prix, 1 fr. 80 cent.

Histoire surprenante de Jacques le vainqueur des Géans, conte d'enfant. 1 cahier in-16 oblong, fig. Prix, 1 fr. 25 cent.

La Journée des Enfans, 1 vol. in-32, cartonné et orné de 10 jolies figures. Prix, 1 fr. 50 c.

La Petite Ménagerie, histoire des animaux. 1 v. in-32 oblong, orné de 24 jolies figures, couverture cartonnée et imprimée ; seconde édition. Prix, 1 fr. 50 cent.

La Civilité en Estampes, in-8 oblong, carton. Prix, 2 fr.

Les Bons Exemples, gravures morales et amusantes, in-8 oblong, cartonné. Prix, 2 fr.

Promenades amusantes d'une jeune Famille dans les environs de Paris. 1 cahier oblong, jolies gravures, couverture imprimée et cartonnée. Prix, 2 fr. 50 cent.

Le Jeune Dessinateur, ou Études de paysages, fleurs et animaux ; cahier oblong, orné de 23 gravures, couverture cart. et imprimée. Prix, 3 fr.

La Poupée bien élevée, cahier in-8° oblong, orné de 12 jolies gravures, couverture cartonnée et imprimée. Prix, 3 fr.

La Maison que Pierre a bâtie, cahier in-16, orné de 10 gravures. Prix, 60 cent.

Abécédaire des Petites Demoiselles, in-12, orné de jolies figures. Prix, 75 cent.; et color. 1 fr.

Abécédaire des Petits Garçons, in-12, fig. Prix, 75 c.; et color. 1 fr.

Le Livre des Petits Enfans, abécédaire in-12, fig. Prix, 75 c.; color. 1 fr.

Petit Quadrille des Enfans, abécédaire in-12, fig. Prix, 75 c.; color. 1 fr.

Abécédaire Géographique, in-12, figures. Prix, 75 c.; et color. 1 fr.

Petit Abécédaire amusant, in-32 oblong, 12 fig. color. Prix, 60 cent.

L'Abécédaire des Campagnes, in-18, orné de 4 planches coloriées. Prix, 40 cent.

L'Abécédaire des Ecoles Chrétiennes, in-18, avec 4 planches coloriées. Prix, 40 cent.

Histoire de S. M. Louis XVIII. 1 vol. in-8°, orné d'un beau portrait et d'un titre gravé. Prix, 6 fr.

Vie impartiale du général Moreau. 1 vol. in-12, portrait. Prix, 2 fr.

Bibliothèque des Souvenirs, ou Anecdotes curieuses et Faits historiques publiés depuis le 31 mars 1814. 1 vol. in-12. Prix, 2 fr.

Guide des Locataires et des Propriétaires dans leurs intérêts réciproques. 1 vol. in-12. Seconde édit. Prix, 2 fr.

Histoire des Batailles, Siéges et Combats des Français, depuis 1792 jusqu'en 1815. 4 vol. in-8°. Prix, 24 fr.

Cours de littérature dramatique, ou Recueil par ordre de matières des feuilletons de Geoffroy, 5 vol. in-8°. Prix, 33 fr.

OEuvres oratoires de Mirabeau, 2 vol. in-8°. portrait. Prix, 14 fr.

Le Dictionnaire des ménages, ou Recettes diverses, un fort vol. in-8°. Prix, 6 fr.

Le Moniteur médical, 1 vol. in-12. Prix, 2 fr.

PETIT ANACHARSIS,

ou

VOYAGE

DU JEUNE ANACHARSIS EN GRÈCE,

ABRÉGÉ DE J.-J. BARTHÉLEMY,

POUR L'USAGE DE LA JEUNESSE;

PAR H. LE MAIRE.

TOME PREMIER.

PARIS,

A LA LIBRAIRIE D'ÉDUCATION
DE PIERRE BLANCHARD,

GALERIE MONTESQUIEU, N°. 1, AU PREMIER.

—

1820.

IMPRIMERIE DE Et. IMBERT,
RUE DE LA VIEILLE-MONNAIE, N°. 12.

PRÉFACE.

Dans le travail que nous soumettons en ce moment au public, nous n'avons eu d'autre but que de rendre la lecture de l'ouvrage de M. Barthélemy facile et agréable à la jeunesse et à l'enfance même. Le Voyage du jeune Anacharsis en Grèce n'a pas été, comme tant d'autres livres, fait au hasard, pour amuser les oisifs; c'est une composition savante, dans laquelle on s'est efforcé de reproduire, avec une scrupuleuse exactitude, les mœurs et les usages des Grecs, et jusqu'aux opinions des personnages les plus célèbres de la contrée classique où régnèrent si long-temps la philosophie, les sciences et les arts. Cette composition renferme donc des choses qui se trouvent hors de la portée commune, et qui n'ont un véritable charme que pour les personnes érudites, ou dont les études ont au moins été poussées très loin : ce sont ces choses que nous avons eu soin de distraire. Ainsi émondé, le livre de M. Barthélemy ne sera plus qu'un ouvrage agréable, qui donnera aux jeunes gens le désir de connaître à fond l'histoire grecque, en semant de fleurs une route naturellement sévère. Ce livre pourra plaire encore aux gens du monde qui ne veulent acquérir de cette histoire qu'une connaissance superficielle ; rien ne saurait effectivement mieux leur convenir que cette fiction ingénieuse : jamais la science, pour nous devenir utile, ne s'est présentée sous des formes plus aimables et plus séduisantes.

INTRODUCTION

AU VOYAGE

DE LA GRÈCE.

Cette introduction entière est placée sous le nom d'Anacharsis. C'est lui qui est censé parler. Il rappelle les principales époques de l'histoire grecque, depuis les temps fabuleux jusqu'à l'an 404 avant l'ère chrétienne.

S'IL faut s'en rapporter aux traditions anciennes, les premiers habitans de la Grèce n'avaient pour demeures que des antres profonds, et n'en sortaient que pour disputer aux animaux des alimens grossiers, et quelquefois nuisibles. Réunis, dans la suite, sous des chefs audacieux, ils augmentèrent leurs lumières, leurs besoins et leurs maux : la guerre commença, de grandes passions s'allumèrent, et les suites en furent effroyables. Les vainqueurs dévoraient les vaincus ; la mort était sur toutes les têtes, et la vengeance dans tous les cœurs.

Mais, soit que l'homme se lasse enfin de sa férocité, soit que le climat de la Grèce adoucisse tôt ou tard le caractère de ceux qui l'habitent, plusieurs hordes de sauvages coururent au-devant des législateurs qui entreprirent de les policer. Ces législateurs étaient des Egyptiens qui venaient d'aborder sur les côtes de l'Argolide; ils y cherchaient un asile, ils y fondèrent un empire : et ce fut sans doute un beau spectacle de voir des peuples agrestes et cruels s'approcher en tremblant de la colonie étrangère, en admirer les travaux paisibles, abattre leurs forêts aussi anciennes que le monde, découvrir sous leurs pas même une terre inconnue, et la rendre fertile; se répandre avec leurs troupeaux dans la plaine, et parvenir enfin à couler, dans l'innocence, ces jours tranquilles et sereins qui font donner le nom d'âge d'or à ces siècles reculés. Cette révolution commença sous Inachus, qui avait conduit la première colonie égyptienne : elle continua sous Phoronée son fils. Le règne de Phoronée est la plus ancienne époque de l'histoire des Grecs ; celui de Cécrops, de l'histoire des Athéniens. Depuis ce dernier prince jusqu'à la fin de la guerre du Péloponèse, il s'est écoulé environ douze cent cinquante ans. Je les partage en deux intervalles : l'un finit à la première des olympiades ; l'autre, à la prise d'Athènes par les Lacédémoniens. Je vais rapporter les principaux événemens qui se sont passés dans l'une et dans l'autre ; je m'attacherai surtout à ceux qui regardent les Athéniens.

PREMIÈRE PARTIE.

La colonie de Cécrops tirait son origine de la ville de Saïs en Égypte : elle avait quitté les bords fortunés du Nil pour se soustraire à la loi d'un vainqueur inexorable ; et après une longue navigation, elle était parvenue aux rivages de l'Attique, habités de tout temps par un peuple que les nations farouches de la Grèce avaient dédaigné d'asservir ; ses campagnes stériles n'offraient point de butin, et sa faiblesse ne pouvait inspirer de crainte. Accoutumé aux douceurs de la paix, libre sans connaître le prix de la liberté, plutôt grossier que barbare, il devait s'unir sans effort à des étrangers que le malheur avait instruits. Bientôt les Égyptiens et les habitans de l'Attique ne formèrent qu'un seul peuple ; mais les premiers prirent sur les seconds cet ascendant qu'on accorde tôt ou tard à la supériorité des lumières ; et Cécrops, placé à la tête des uns et des autres, conçut le projet de faire le bonheur de la patrie qu'il venait d'adopter. Ses citoyens, accoutumés jusqu'alors à se nourrir des fruits sauvages du chêne, lui dûrent la connaissance des différentes espèces de grains.

L'olivier fut aussi, par ses soins, transporté de l'Egypte dans l'Attique.

Le mariage fut soumis à des lois : le père entendit au fond de son cœur la voix secrète de la nature ; il l'entendit dans le cœur de son épouse et de ses enfans. Des chaînes sans nombre embrassèrent tous les membres de la société : les biens dont ils jouissaient ne leur furent plus personnels, et les maux qu'ils n'éprouvaient pas ne leur furent plus étrangers.

Les premiers Grecs offraient leurs hommages à des dieux qui manifestaient à peine quelques unes de leurs volontés dans le petit canton de Dodone, en Épire. Les colonies étrangères donnèrent à ces divinités les noms qu'elles avaient en Égypte, en Libye et en Phénicie, et leur attribuèrent à chacune un empire limité et des fonctions particulières. La ville d'Argos fut spécialement consacrée à Junon, celle d'Athènes à Minerve, celle de Thèbes à Bacchus.

Cécrops invoqua le souverain des dieux sous le titre de Très-Haut : il éleva de toutes parts des temples et des autels ; mais il défendit de verser sur les autels le sang des victimes, soit pour conserver les animaux destinés à l'agriculture, soit pour inspirer à ses sujets l'horreur d'une scène barbare qui s'était passée en Arcadie. Un homme, un roi, le farouche Lycaon, avait offert en sacrifice un enfant à ces dieux, qu'on outrage toutes les fois qu'on outrage la nature. L'hommage que Cécrops offrit aux dieux était plus digne de leur bonté; c'étaient des épis ou des grains, prémices des moissons dont ils enrichissaient l'Attique, et des gâteaux, tribut de l'industrie que ses habitans commençaient à connaître.

Tous les règlemens de Cécrops respiraient la sagesse et l'humanité. Il voulut qu'on déposât les dépouilles mortelles de ses sujets dans le sein de la mère commune des hommes, et qu'on ensemençât aussitôt la terre qui les couvrait, afin que cette portion de terrain ne fût point enlevée au cultivateur. Là, après un repas funèbre, on honorait la mémoire de l'homme vertueux, ou l'on flétrissait celle du méchant. Par ces pratiques touchantes, les peuples entrevirent que l'homme, peu jaloux de conserver, après sa mort, une seconde vie dans l'estime publique, doit, du moins, laisser une réputation dont ses enfans n'aient pas à rougir.

La même sagesse brillait dans l'établissement d'un tribunal qui paraît s'être formé vers les dernières années de ce prince, ou au commencement du règne de son successeur : c'est celui de l'Aréopage, qui, depuis son origine, n'a jamais prononcé un jugement dont on ait eu à se plaindre, et qui contribua le plus à donner aux Grecs les premières notions de la justice.

Cécrops avait apporté ces mémorables institutions d'Égypte, et l'effet qu'elles produisirent fut si prompt, que l'Attique se trouva bientôt peuplée de vingt mille habitans divisés en quatre tribus.

Des progrès si rapides attirèrent l'attention des peuples qui ne vivaient que de rapines : des corsaires descendirent sur les côtes de l'Attique ; des Béotiens en ravagèrent les frontières ; ils répandirent la terreur de tous côtés. Cécrops en profita pour persuader à ses sujets de rapprocher leurs demeures, alors éparses dans la campagne, et de les garantir, par une enceinte, des insultes qu'ils venaient d'éprouver. Athènes et onze autres villes se fondèrent ; et les habitans, saisis de frayeur, firent sans peine le sacrifice qui leur coûtait le plus : ils renoncèrent à la liberté de la vie champêtre, et se renfermèrent dans des murs qu'ils auraient regardés comme le séjour de l'esclavage, s'il n'avait fallu les regarder comme l'asile de la faiblesse. A l'abri de leurs remparts, ils furent les premiers des Grecs à déposer, pendant la paix, ces armes meurtrières qu'auparavant ils ne quittaient jamais.

Cécrops mourut après un règne de cinquante ans ; il eut un fils dont il vit finir les jours, et trois filles à qui les Athéniens décernèrent depuis les honneurs divins. Ils conservent encore son tombeau dans le temple de Minerve, et ils lui ont consacré la constellation du verseau.

A sa suite, régnèrent, pendant l'espace d'environ cinq cent soixante-cinq ans, dix-sept princes, dont Codrus fut le dernier.

Ce fut quelques années après Cécrops, que les lumières de l'Orient pénétrèrent en

Béotie. Cadmus, à la tête d'une colonie de Phéniciens, y porta le plus sublime de tous les arts, celui de retenir, par de simples traits, les sons fugitifs de la parole et les plus fines opérations de l'esprit. Le secret de l'écriture introduit en Attique, y fut destiné, quelque temps après, à conserver le souvenir des événemens remarquables.

Nous ne pouvons fixer d'une manière précise le temps où les autres arts furent connus. Sous le règne d'Érichthonius, la colonie de Cécrops accoutuma les chevaux, déjà dociles au frein, à traîner un chariot, et profita du travail des abeilles, dont elle perpétua la race sur le mont Hymète. Sous Pandion elle fit de nouveaux progrès dans l'agriculture ; mais une longue sécheresse ayant, une année, détruit les espérances du laboureur, elle tira des grains de l'Egypte, et prit ainsi une légère teinture du commerce. Érechthée, successeur de Pandion, illustra son règne par des établissemens utiles, et les Athéniens lui élevèrent un temple après sa mort.

Ces découvertes successives redoublaient

l'activité du peuple, et, en lui procurant l'abondance, le préparaient à la corruption. L'inégalité des fortunes produisit bientôt l'amour des distinctions, le désir des préférences, la jalousie et la haine. Les principaux citoyens, faisant mouvoir à leur gré ces différens ressorts, remplirent la société de troubles, et portèrent leurs regards sur le trône ; Amphictyon obligea Cranaüs d'en descendre : lui-même fut contraint de le céder à Erichthonius.

A mesure que le royaume d'Athènes prenait de nouvelles forces, on voyait s'accroître par degrés ceux d'Argos, d'Arcadie, de Lacédémone, de Corinthe, de Thèbes, de Thessalie et d'Épire. Cependant l'ancienne barbarie reparaissait par intervalles ; il s'élevait des hommes robustes, qui se tenaient sur les chemins pour attaquer les passans, ou des princes dont la cruauté froide infligeait à des innocens des supplices lents et douloureux. Mais la nature, qui balance sans cesse le mal par le bien, fit naître, pour les détruire, des hommes plus robustes que les premiers, aussi puissans que les se-

‑onds, plus justes que les uns et les autres. Ils paraissaient au milieu des Grecs comme des mortels d'un ordre supérieur.

Tels furent Hercule et Thésée. Cependant ces hommes héroïques ne s'armèrent pas toujours pour la justice : on vit Hercule prendre part à une expédition dans laquelle plusieurs princes grecs, sous le nom d'Argonautes, se proposèrent pour but de s'emparer des trésors d'Aéétès, roi de Colchos.

Toute la terre est pleine du nom d'Hercule et des monumens de sa gloire. Il descendait des rois d'Argos. On dit qu'il était fils de Jupiter et d'Alcmène, épouse d'Amphitryon ; qu'il fit tomber sous ses coups et le lion de Némée et le taureau de Crète, et le sanglier d'Érymanthe, et l'hydre de Lerne, et des monstres plus féroces encore : un Busiris, roi d'Égypte, qui trempait lâchement ses mains dans le sang des étrangers ; un Anthée de Libye, qui ne les dévouait à la mort qu'après les avoir vaincus à la lutte ; et les géans de Sicile, et les centaures de Thessalie, et tous les brigands de la terre, dont il avait fixé les limites à l'oc‑

cident, comme Bacchus les avait fixées à l'orient. On ajoute qu'il ouvrit les montagnes pour rapprocher les nations ; qu'il creusa des détroits pour confondre les mers; qu'il triompha des enfers, et qu'il fit triompher les dieux dans les combats qu'ils livrèrent aux géans.

Son histoire est un tissu de prodiges, ou plutôt c'est l'histoire de tous ceux qui ont porté le même nom et subi les mêmes travaux que lui. L'Hercule qu'on adore est un fantôme de grandeur, élevé entre le ciel et la terre, comme pour en combler l'intervalle. Les biens et les maux que fit le véritable Hercule, lui attirèrent, pendant sa vie, une célébrité qui valut à la Grèce un nouveau défenseur en la personne de Thésée.

Ce prince était fils d'Égée, roi d'Athènes, et d'Éthra, fille du sage Pitthée, qui gouvernait Trézène ; il était élevé dans cette ville, où le bruit des actions d'Hercule l'agitait sans cesse ; il en écoutait le récit avec une ardeur d'autant plus inquiète, que les liens du sang l'unissaient à ce héros. Pour contenter ce courage bouillant, Éthra découvrit à son fils le secret de sa naissance : elle le conduisit vers un rocher énorme, et lui ordonna de le soulever; il y trouva une épée et d'autres signes auxquels son père devait le reconnaître un jour. Thésée courut aussitôt faire la guerre aux brigands, pour imiter Hercule. Muni de ce dépôt, il eut bientôt mérité, par ses exploits, le trône qui restait vacant par la mort d'Égée. En qualité de roi il fit le bonheur de sa patrie.

A peine le fut-il, qu'il s'occupa de donner au gouvernement une forme plus stable et plus régulière. Les douze villes de l'Attique étaient devenues autant de républiques, souvent en guerre les unes avec les autres : par les soins de Thésée, il fut réglé qu'Athènes deviendrait la métropole et le centre de l'empire; que les sénats des villes seraient abolis; que la puissance législative résiderait dans l'assemblée générale de la nation, divisée en trois classes, celle des notables, celle des agriculteurs, et celle des artisans; et que Thésée, placé à la tête de la république, serait le défenseur des lois qu'elle promulguerait, et le général des troupes destinées à la défendre.

Ce prince fit construire des tribunaux, agrandit la capitale, ajouta le territoire de Mégare à l'empire, plaça sur l'isthme de Corinthe une colonne qui séparait l'Attique du Péloponèse, et renouvela, près de ce monument, les jeux isthmiques, à l'imitation de ceux d'Olympie qu'Hercule venait d'établir.

Cependant Thésée se lassa des hommages paisibles qu'il recevait, et des vertus faciles qui en étaient la source.

Il triompha des Amazones, et sur les bords du Thermodon en Asie, et dans les plaines de l'Attique; il parut à la chasse de cet énorme sanglier de Calydon, qu'abattit enfin Méléagre, fils du roi de cette ville : il se signala contre les centaures de Thessalie, ces hommes audacieux qui, s'étant exercés les premiers à combattre à cheval, avaient plus de moyens pour donner la mort et pour l'éviter.

Au milieu de tant d'actions glorieuses,

mais inutiles au bonheur de son peuple, il résolut, avec Pirithoüs, roi d'une partie de la Thessalie, d'enlever la princesse de Sparte et celle d'Épire. L'une était cette Hélène dont les charmes firent depuis couler tant de sang et de pleurs; l'autre était Proserpine, fille d'Aïdonée, roi des Molosses, en Épire.

Ils surprirent Hélène dans le temple de Diane, et l'enlevèrent sans résistance. Aïdonée, instruit de leurs desseins, livra Pirithoüs à des dogues affreux qui le dévorèrent, et précipita Thésée dans les horreurs d'une prison dont il ne fut délivré que par les soins officieux d'Hercule.

De retour dans ses états, il trouva sa famille couverte d'opprobres et la ville déchirée par des factions : la reine, cette Phèdre dont le nom retentit souvent sur le théâtre d'Athènes, avait conçu pour Hippolyte, qu'il avait eu d'Antiope, reine des Amazones, un amour criminel qui causa la perte de l'un et de l'autre. Dans le même temps, les Pallantides cherchaient à s'emparer du pouvoir souverain ; le peuple était mécontent, et blâmait hautement les dernières actions de son roi.

Thésée chercha vainement à dissiper de si funestes impressions; et quand il voulut employer la force, il apprit que rien n'est si faible qu'un souverain avili aux yeux de ses sujets. Dans cette extrémité, il se réfugia auprès du roi Lycomède, dans l'île de Scyros : il y périt quelque temps après, ou par les suites d'un accident, ou par les trahisons de Lycomède, attentif à ménager l'amitié de Mnesthée, successeur de Thésée. Depuis, les Athéniens ont oublié les égaremens de leur roi, et rougi de leur révolte. Cimon, fils de Miltiade, transporta, par ordre de l'oracle, ses ossemens dans les murs d'Athènes.

Guerres de Thèbes et de Troie.

La première guerre où les Grecs montrèrent quelque connaissance de l'art militaire, fut celle de Thèbes, dans laquelle Étéocle et Polynice, fils infortunés d'OEdipe, encore plus malheureux qu'eux, se disputèrent la couronne, et s'arrachèrent la vie.

La seconde fut celle de Troie. La plus grande partie des princes grecs, réunis sous le commandement d'Agamemnon, roi d'Argos, pour venger Ménélas, l'un d'entre eux, privé de son épouse par Pâris, y assiégèrent pendant dix ans, et détruisirent de fond en comble Ilium (Troie), siége du royaume de Priam, père du ravisseur.

Retour des Héraclides.

Hercule, asservi, tant qu'il vécut, aux volontés d'Eurysthée, que des circonstances particulières avaient revêtu du pouvoir suprême, ne put faire valoir ses droits; mais il les transmit à ses fils, qui furent ensuite bannis du Péloponèse. Ils tentèrent plus d'une fois d'y rentrer; leurs efforts étaient toujours réprimés par la maison de Pélops, qui avait usurpé la couronne : leurs titres furent des crimes, tant qu'elle put leur opposer la force; dès qu'elle cessa d'être si redoutable, on vit se réveiller, en faveur des Héraclides, l'attachement des peuples pour leurs anciens maîtres, et la jalousie des puissances voisines contre la maison de Pélops. Celle d'Hercule avait alors à sa tête trois frères, Témène, Cresphonte et Aristodème, qui, s'étant associés avec des Doriens, envahirent le Péloponèse. Les descendans d'Agamemnon, forcés dans Argos, et ceux de Nestor dans la Messénie, se réfugièrent, les premiers en Thrace, les seconds en Attique.

Argos échut en partage à Témène, et la Messénie à Cresphonte. Eurysthène et Proclès, fils d'Aristodème, mort au commencement de l'expédition, régnèrent à Lacédémone.

Peu de temps après, les vainqueurs attaquèrent Codrus, roi d'Athènes, qui avait donné un asile à leurs ennemis. Ce prince, ayant appris que l'oracle promettait la victoire à celle des deux armées qui perdrait son général dans la bataille, s'exposa volontairement à la mort ; et ce sacrifice enflamma tellement ses troupes, qu'elles mirent les Héraclides en fuite. C'est là que finissent les siècles nommés héroïques.

Les Athéniens, frappés de ce trait de

grandeur, abolirent le titre de roi; ils dirent que Codrus l'avait élevé si haut, qu'il serait désormais impossible d'y atteindre. En conséquence, ils reconnurent Jupiter pour seul souverain; et, ayant placé Médon, fils de Codrus, à côté du trône, ils le nommèrent archonte, ou chef perpétuel, en l'obligeant néanmoins de rendre compte de son administration au peuple.

Les frères de ce prince s'opposèrent d'abord à son élection; mais quand ils la virent confirmée par l'oracle, ils allèrent au loin chercher une meilleure destinée.

L'Attique et les pays qui l'entourent étaient alors surchargés d'habitans; les conquêtes des Héraclides avaient fait refluer dans cette partie de la Grèce la nation entière des Ioniens, qui occupaient auparavant douze villes dans le Péloponèse. Ces étrangers, onéreux aux lieux qui leur servaient d'asile, allèrent, à la suite des fils de Codrus, former une colonie sur les confins de l'Eolide; et cette colonie se trouva bientôt en possession d'un grand nombre de villes, parmi lesquelles on distinguait Milet et Ephèse. Ainsi se composa le corps ionique.

Médon transmit à ses descendans la dignité d'archonte ; mais les Athéniens en réduisirent, dans la suite, l'exercice à l'espace de dix ans ; et leurs alarmes croissant avec leurs précautions, ils finirent par la partager entre neuf magistrats annuels, portant aussi le titre d'archontes.

Les trois cent seize années qui s'écoulèrent depuis la mort de Codrus jusqu'à la première olympiade, furent, suivant les apparences, des siècles de bonheur ; car les désastres des peuples se conservent pour toujours dans leurs traditions.

Les siècles s'écoulaient dans le silence, ou plutôt ils furent remplis par trois des plus grands hommes qui aient jamais existé, Homère, Lycurgue et Aristomène.

Homère florissait environ quatre siècles après la guerre de Troie. De son temps, la poésie était fort cultivée parmi les Grecs. Deux événemens remarquables, la guerre de Thèbes et celle de Troie, exerçaient les talens.

On avait déjà vu paraître Orphée, Linus, Musée, et quantité d'autres poëtes dont les ouvrages sont perdus, et qui n'en sont peut-être que plus célèbres; déjà venait d'entrer dans la carrière cet Hésiode qui fut, dit-on, le rival d'Homère.

Homère prit donc l'art dans son développement, et le porta si loin, qu'il paraît en être le créateur.

Il chanta, dit-on, la guerre de Thèbes. Il composa plusieurs ouvrages qui l'auraient égalé aux premiers poëtes de son temps; mais l'Iliade et l'Odyssée le mettent au-dessus de tous les poëtes qui ont écrit avant et après lui.

Dans le premier de ces poëmes, il a décrit quelques circonstances de la guerre de Troie, et dans le second, le retour d'Ulysse dans ses états.

On trouve plus d'art et de savoir dans ce dernier poëme. L'action de l'Odyssée ne dure que quarante jours; mais, à la faveur du plan qu'il a choisi, Homère a trouvé le secret de décrire toutes les circonstances du retour d'Ulysse, de rappeler plusieurs détails de la guerre de Troie, et de déployer les connaissances qu'il avait lui-même acquises dans ses voyages. Il paraît avoir composé cet ouvrage dans un âge avancé. On croit le reconnaître à la multiplicité des récits, ainsi qu'au caractère paisible des personnages, et à une certaine chaleur douce comme celle du soleil à son couchant.

L'Iliade et l'Odyssée étaient à peine connues dans la Grèce, lorsque Lycurgue parut en Ionie : le génie du poëte parla aussitôt au génie du législateur ; il copia les deux poëmes, et en enrichit sa patrie. De là ils passèrent chez tous les Grecs : on vit des acteurs, connus sous le nom de *rhapsodes*, en détacher des fragmens, et parcourir la Grèce, ravie de les entendre.

La réputation d'Homère semblait s'accroître par la répartition des rôles ; mais le tissu de ses poëmes se détruisait insensiblement : pour en prévenir la perte entière, Solon défendit à plusieurs rhapsodes, lorsqu'ils seraient rassemblés, de prendre au hasard, dans les écrits d'Homère, des faits isolés, et leur prescrivit de suivre dans leurs récits l'ordre qu'avait observé l'auteur, de manière que l'un reprendrait où l'autre aurait fini.

SECONDE PARTIE.

Ce n'est qu'environ cent cinquante ans après la première olympiade, que commence, à proprement parler, l'histoire des Athéniens. Aussi ne renferme-t-elle que trois cents ans, si on la conduit jusqu'à nos jours; qu'environ deux cent vingt, si on la termine à la prise d'Athènes. On y voit, en des intervalles assez marqués, les commencemens, les progrès et la décadence de leur empire. Qu'il me soit permis de désigner ces intervalles par des caractères particuliers. Je nommerai le premier, le siècle de Solon ou des lois : le second, le siècle de Thémistocle et d'Aristide ; c'est celui de la gloire : le troisième, le siècle de Périclès ; c'est celui du luxe et des arts.

Siècle de Solon.

La forme de gouvernement établie par Thésée, avait éprouvé des altérations sensibles : le peuple avait encore le droit de s'assembler ; mais le pouvoir souverain était entre les mains des riches. La république était dirigée par neuf archontes ou magistrats annuels, qui ne jouissaient pas assez long-temps de l'autorité pour en abuser, qui n'en avaient pas assez pour maintenir la tranquillité de l'Etat.

Les habitans de l'Attique se trouvaient partagés en trois factions, qui avaient chacune à leur tête une des plus anciennes familles d'Athènes. Elles ne pouvaient s'accorder sur la forme du gouvernement. A cette cause de division se joignait, dans chaque parti, la haine invétérée des pauvres contre les riches. Les lois ne suffisaient pas : la licence restait sans punition, ou ne recevait que des peines arbitraires.

Dans cette confusion, Dracon fut choisi pour législateur. Dans son code de lois et de morale, il prit le citoyen au moment de sa naissance, prescrivit la manière dont on devait le nourrir et l'élever, et le suivit dans les différentes époques de sa vie. Il ne fit que des mécontens ; ses règlemens excitèrent tant de murmures, qu'il fut obligé de se retirer dans l'île d'Egine, où il mourut bientôt après.

Il avait mis dans ses lois l'empreinte de son caractère ; elles sont aussi sévères que ses mœurs l'avaient toujours été. Il punit l'oisiveté de mort. La peine capitale est le seul châtiment qu'il destine aux crimes les plus légers, ainsi qu'aux forfaits les plus atroces. Il disait qu'il n'en connaissait pas de plus doux pour les premiers, qu'il n'en connaissait pas d'autres pour les seconds. Peut-être aussi pensa-t-il que, dans la carrière du crime, les premiers pas conduisent infailliblement aux plus grands précipices.

Il y eut des troubles, et une sédition qui fit verser le sang.

Une maladie épidémique, qui se manifesta peu de temps après, jointe à d'autres malheurs publics, fut regardée comme un châtiment du ciel. On fit venir de Crète Epiménide, que l'on regardait comme un homme protégé des dieux et instruit dans la science de l'avenir.

Les Crétois ont dit que, jeune encore, Epiménide fut saisi, dans une caverne, d'un sommeil profond, qui dura quarante ans suivant les uns, beaucoup plus suivant d'autres. Il résulte seulement de ce récit, qu'Epiménide passa les premières années de sa jeunesse dans des lieux solitaires, livré à l'étude de la nature, formant son imagination à l'enthousiasme, par les jeûnes, le silence et la méditation.

Athènes le reçut avec les transports de l'espérance et de la crainte. Il profita de son ascendant pour faire des changemens dans les cérémonies religieuses ; il les rendit moins dispendieuses ; il abolit l'usage barbare où les femmes étaient de se meurtrir le visage en accompagnant les morts au tombeau. Par une foule de règlemens utiles, il tâcha de ramener les Athéniens à des principes d'union et d'équité.

La confiance qu'il avait inspirée, et le temps qu'il fallut pour exécuter ses ordres, calmèrent insensiblement les esprits. Epiménide partit couvert de gloire, honoré des regrets d'un peuple entier : il refusa des présens considérables, et ne demanda pour lui qu'un rameau de l'olivier consacré à Minerve, et pour Gnosse, sa patrie, que l'amitié des Athéniens.

Peu de temps après son départ, les factions se réveillèrent avec une nouvelle fureur; et leurs excès furent portés si loin, qu'on se vit bientôt réduit à cette extrémité où il ne reste d'autre alternative à un Etat, que de périr ou de s'abandonner au génie d'un seul homme.

Solon fut, d'une voix unanime, élevé à la dignité de premier magistrat, de législateur et d'arbitre souverain. Il descendait des anciens rois d'Athènes, et avait beaucoup voyagé dans sa jeunesse, pour s'instruire des mœurs et des lois des nations.

Le dépôt des lumières était alors entre les mains de quelques hommes vertueux, connus sous le nom de *sages*, qui se réunissaient quelquefois en un même lieu, pour se communiquer leurs lumières, et s'occuper des intérêts de l'humanité. Dans ces assemblées augustes, paraissaient Thalès de Milet, Bias de Priène, Cléobule de Lindus, Myson de Chen, Chilon de Lacédémone, Solon d'Athènes, et l'ancien Anacharsis, que le bruit de leur réputation attira du fond de la Scythie, et que la Grèce, quoique jalouse du mérite des étrangers, place quelquefois au nombre des sept sages dont elle s'honore.

Solon revit les lois de Dracon, et les adoucit. Il régla tout avec une grande sagesse ; et ses institutions, regardées comme des oracles par les Athéniens, passèrent pour des modèles chez les autres peuples. Elles ne devaient conserver leur force que pendant un siècle. Il fixa ce terme, pour ne pas révolter les Athéniens par la perspective d'un joug éternel. Il partit ensuite pour l'Egypte, après avoir demandé la permission de s'absenter pendant dix ans, et engagé les Athéniens, par un serment solennel, à ne point toucher à ses lois jusqu'à son retour.

Lorsqu'il reparut, il trouva les Athéniens près de retomber dans l'anarchie. Vainement voulut-il en imposer aux factieux; Pisistrate, chef de l'un des partis, s'empara de l'autorité sous ses yeux même.

Solon ne survécut pas long-temps à l'asservissement de sa patrie.

Trente-trois années s'écoulèrent depuis la révolution jusqu'à la mort de Pisistrate; mais il ne fut à la tête des affaires que pendant dix-sept ans. Accablé par le crédit de ses adversaires, deux fois obligé de quitter l'Attique, deux fois il reprit son autorité, et il eut la consolation, avant de mourir, de l'affermir dans sa famille.

Tant qu'il fut à la tête de l'administration, ses jours furent marqués ou par de nouveaux bienfaits, ou par de nouvelles vertus.

Ses lois, en bannissant l'oisiveté, encouragèrent l'agriculture et l'industrie. Il ranima la valeur des troupes, en assignant aux soldats invalides une subsistance assurée pour le reste de leurs jours. Aux champs, dans la place publique, dans ses jardins ouverts à tout le monde, il paraissait comme un père au milieu de ses enfans, toujours prêt à écouter les plaintes des malheureux, faisant des remises aux uns, des avances aux autres, des offres à tous.

En même temps, pour éclairer à la fois et occuper ses citoyens, il publiait une nouvelle édition des ouvrages d'Homère, composait aux Athéniens une bibliothèque publique, et embellissait leur ville par des temples, des gymnases et des fontaines.

Après sa mort, Hippias et Hipparque, ses fils, lui succédèrent : avec moins de talens, ils gouvernèrent avec la même sagesse. Hipparque aimait les lettres ; il accueillit Anacréon et Simonide. Cependant, deux jeunes Athéniens, Harmodius et Aristogiton, ayant essuyé un affront de la part de ce prince, conjurèrent de le poignarder, ainsi que son frère. Hipparque seul fut assassiné.

Dès lors Hippias ne se signala plus que par des injustices ; mais le joug qu'il appesantissait sur les Athéniens fut brisé, trois ans après, par Clisthène, chef des Alcméonides, maison puissante d'Athènes. Hippias alla chercher un asile auprès de Darius, roi de Perse, et fut tué à la bataille de Marathon.

Clisthène raffermit la constitution que Solon avait établie, et que les Pisistratides ne songèrent jamais à détruire. En effet, ces princes ne prirent point le titre de roi, quoiqu'ils se crussent issus des anciens souverains d'Athènes.

La réforme de Lycurgue à Lacédémone avait précédé celle de Solon à Athènes, d'environ deux siècles et demi.

Siècle de Thémistocle et d'Aristide.

C'est avec peine que je me détermine à décrire des combats : il devrait suffire de savoir que les guerres commencent par l'ambition des princes, et finissent par le malheur des peuples : mais l'exemple d'une nation qui préfère la mort à la servitude, est trop grand et trop instructif pour être passé sous silence.

Jusqu'au règne de Darius, les Perses n'avaient point eu d'intérêts à démêler avec les Grecs. On savait à peine à la cour de Suze, qu'il existait une Lacédémone ou une Athènes, lorsque Darius résolut d'asservir ces régions éloignées. Atossa, fille de Cyrus, qu'il venait d'épouser, lui en donna la première idée : elle la reçut d'un médecin grec, nommé Démocède, qu'on avait fait esclave, et qui se flatta d'obtenir, par suite de la guerre, une commission qui lui faciliterait le moyen de revoir Crotone, sa patrie.

Darius fit en effet partir Démocède avec cinq Perses chargés de lui rendre un compte exact des lieux dont il méditait la conquête. Le rusé médecin ne fut pas plus tôt sorti des États de Darius, qu'il s'enfuit en Italie. Les Perses qu'il devait conduire, essuyèrent bien des infortunes : à leur retour, Darius, ne pensant plus aux Grecs, avait entrepris, à la tête d'une armée de 700,000 hommes, de soumettre les nations scythiques qui campent avec leurs troupeaux entre l'Ister et le Tanaïs, le long des côtes du Pont-Euxin. Il ne réussit pas.

La honte de l'expédition de Scythie fut effacée par une conquête importante : Darius se fit reconnaître par les peuples qui habitent auprès de l'Indus ; et ce fleuve fixa les limites de son empire à l'orient.

Il se terminait, à l'occident, par une suite de colonies grecques établies sur les bords de la mer Egée. Là se trouvent Ephèse, Milet, Smyrne, et plusieurs autres villes florissantes, réunies en différentes confédérations : elles sont séparées du continent de la Grèce par la mer et quantité d'îles, dont les unes obéissaient aux Athéniens, dont les autres étaient indépendantes. Les villes grecques de l'Asie aspiraient à secouer le joug des Perses. Les habitans des îles et de la Grèce proprement dite, craignaient le voisinage d'une puissance qui menaçait les nations d'une servitude générale.

Ces alarmes redoublèrent lorsqu'on vit Darius, à son retour de Scythie, laisser dans la Thrace une armée de quatre-vingt mille hommes, qui soumit ce royaume, obligea le roi de Macédoine de faire hommage de sa couronne à Darius, et s'empara des îles de Lemnos et d'Imbros.

Elles augmentèrent encore lorsqu'on vit les Perses faire une tentative sur l'île de Naxos, et menacer l'île d'Eubée, si voisine de l'Attique; lorsque les villes de l'Ionie, résolues de recouvrer leur ancienne liberté, chassèrent leurs gouverneurs, brûlèrent la ville de Sardes, capitale de l'ancien royaume de Lydie, et entraînèrent les peuples de Carie et de l'île de Chypre dans la ligue qu'elles formèrent contre Darius.

Les Lacédémoniens prirent le parti de ne point accéder à la ligue; les Athéniens, sans se déclarer ouvertement, celui de la favoriser.

Darius mit en mouvement des armées considérables. L'événement le plus remarquable de cette guerre fut la bataille de Marathon, dans laquelle les Athéniens, commandés par Miltiade, défirent complétement les Perses, le 6 de boédromion, dans la troisième année de la 72e. olympiade (29 septembre de l'an 490 avant J.-C.)

Darius n'apprit qu'avec indignation la

défaite de son armée. Il ordonna de nouvelles levées, et fit des préparatifs immenses.

Les Athéniens ne tardèrent cependant pas eux-mêmes à le venger. Miltiade ayant échoué dans une expédition contre l'île de Paros, ses ennemis profitèrent de cette circonstance pour le perdre. Ils l'accusèrent de s'être laissé corrompre par l'argent des Perses; et malgré les sollicitations et les cris des citoyens les plus honnêtes, il fut condamné à être jeté dans la fosse où l'on fait périr les malfaiteurs. Le magistrat s'étant opposé à l'exécution de cet infâme décret, la peine fut commuée en une amende de cinquante talens ; et comme il n'était pas en état de la payer, on vit le vainqueur de Darius expirer, dans les fers, des blessures qu'il avait reçues au service de l'Etat.

Ces terribles exemples d'injustice et d'ingratitude ne découragent ni l'ambition, ni la vertu : ce sont des écueils dans la carrière des honneurs, comme il y en a au milieu de la mer.

Thémistocle et Aristide prenaient sur les

Athéniens la supériorité que l'un méritait par la diversité de ses talens, l'autre par l'uniformité d'une conduite entièrement consacrée au bien public. Tous deux, opposés dans leurs principes et dans leurs projets, remplissaient tellement la place publique de leurs divisions, qu'un jour Aristide, après avoir, contre toute raison, remporté un avantage sur son adversaire, ne put s'empêcher de dire que c'en était fait de la république, si on ne le jetait lui et Thémistocle dans une fosse profonde.

La faction de Thémistocle, triomphant, finit par accuser Aristide de s'établir une royauté d'autant plus redoutable, qu'elle était fondée sur l'amour du peuple, et conclut à la peine de l'exil. Les tribus étaient assemblées, et devaient donner leurs suffrages par écrit. Aristide assistait au jugement. Un citoyen obscur, assis à ses côtés, le pria d'inscrire le nom de l'accusé sur une petite coquille qu'il lui présenta : « Vous » a-t-il fait quelque tort ? répondit Aris- » tide. » — « Non, dit cet inconnu ; » mais je suis ennuyé de l'entendre par-

» tout nommer le Juste. » Aristide écrivit son nom, fut condamné, et sortit de la ville en formant des vœux pour sa patrie.

Son exil suivit de près la mort de Darius. Xerxès, fils de ce prince, fut l'héritier de son trône : élevé dans une haute opinion de sa puissance, juste et bienfaisant par saillies, injuste et cruel par faiblesse, presque toujours incapable de supporter les succès et les revers, on ne distingua constamment dans son caractère qu'une extrême violence et une excessive pusillanimité. Quatre années furent employées à lever des troupes, à établir des magasins, à construire des galères et des vaisseaux, pour la guerre qu'il se proposait de faire aux Grecs.

Au printemps de la quatrième année de la 74e. olympiade, il se rendit sur les bords de l'Hellespont avec la plus nombreuse armée qui ait jamais dévasté la terre : il y voulut contempler à loisir le spectacle de sa puissance ; et d'un trône élevé, il vit la mer couverte de ses vaisseaux, et la campagne de ses troupes.

Dans cet endroit la côte d'Asie n'est séparée de celle de l'Europe que par un bras de mer de sept stades de largeur. Deux ponts de bateaux affermis sur leurs ancres rapprochèrent les rivages opposés. Une tempête violente ayant détruit cet ouvrage, Xerxès fit couper la tête aux ouvriers, et, voulant traiter la mer en esclave révoltée, ordonna de la frapper à grands coups de fouet, de la marquer d'un fer chaud, et de jeter dans son sein une paire de chaînes : et cependant ce prince était suivi de plusieurs millions d'hommes !

Ses troupes employèrent sept jours et sept nuits à passer le détroit ; ses bagages, un mois entier : de là, prenant sa route par la Thrace, et côtoyant la mer, il campa dans la plaine de Doriscus, arrosée par l'Hèbre.

Son armée était forte de 1,700,000 hommes de pied, et de 80,000 chevaux ; 20,000 Arabes et Lydiens conduisaient les chameaux et les chariots : la flotte était composée de 1,207 galères à trois rangs de rames ; chacune pouvait contenir 200 hommes, et toutes ensemble 241,400 hommes ;

elles étaient accompagnées de 300 vaisseaux de charge, dans lesquels on présume qu'il y avait 240,000 hommes.

Telles étaient les forces que Xerxès avait amenées de l'Asie. Elles furent bientôt augmentées de 300,000 combattans tirés de la Thrace, de la Macédoine, de la Pæonie et de plusieurs autres régions européennes. Les îles voisines fournirent plus de 120 galères, montées de 24,000 hommes.

L'armée partit, divisée en trois corps. Elle continua ainsi sa route dans la Thessalie, consumant dans un jour les récoltes de plusieurs années, entraînant au combat les nations qu'elle avait réduites à l'indigence. La flotte de Xerxès traversa le mont Athos, au lieu de le doubler. Le roi avait ordonné que l'on perçât cette montagne située dans une presqu'île qui a douze stades de large ; on y ouvrit un canal dans lequel deux galères pouvaient passer de front.

Dans ces conjonctures, les Lacédémoniens et les Athéniens voulurent former une ligue générale des peuples de la Grèce. Peu répondirent à leur appel. Presque réduits à leurs seules forces, ces deux peuples résolurent néanmoins de résister généreusement.

Pendant que Xerxès poursuivait sa marche, il fut décidé qu'un corps de troupes, sous la conduite de Léonidas, roi de Sparte, s'emparerait du passage des Thermopyles, situé entre la Thessalie et la Locride, et que l'armée navale des Grecs attendrait celle des Perses aux parages voisins, dans un détroit formé par les côtes de la Thessalie et par celles de l'Eubée.

Les deux cent quatre-vingts vaisseaux qui composaient cette flotte, se réunirent sur la côte septentrionale de l'Eubée, auprès d'un endroit nommé Artemisium, le Spartiate Eurybiade commandant en chef, et Thémistocle en second.

Léonidas prévit sa destinée, et s'y soumit avec cette grandeur d'âme qui caractérisait alors sa nation. Il ne prit pour l'accompagner que trois cents Spartiates. « Trois » cents victimes, dit-il, suffisent à l'honneur de Sparte. Elle serait perdue sans » ressource, si elle me confiait tous ses

» guerriers ; car je ne présume pas qu'un
» seul d'entre eux osât prendre la fuite. »

Quelques jours après, les compagnons de Léonidas honorèrent d'avance son trépas et le leur par un convoi funèbre, auquel leurs pères et leurs mères assistèrent. Cette cérémonie achevée, ils sortirent de la ville, suivis de leurs parens et de leurs amis, dont ils reçurent les adieux éternels.

Arrivés avec quelques renforts au défilé des Thermopyles, ils y prirent poste.

Le roi de Perse, étonné de leur tranquillité, écrivit à Léonidas : « Si tu veux te » soumettre, je te donnerai l'empire de la » Grèce. »

Léonidas répondit : « J'aime mieux mou- » rir pour ma patrie, que de l'asservir. » Une seconde lettre du roi ne contenait que ces mots : « Rends-moi tes armes. » Léonidas écrivit au-dessous : « Viens les prendre. »

Xerxès, outré de colère, fait marcher les Mèdes et les Cissiens, avec ordre de prendre ces hommes en vie. Quelques soldats courent à Léonidas, et lui disent : « Les Perses » sont près de nous. » Il répond froidement : « Dites plutôt que nous sommes près d'eux. »

Le combat fut terrible. Toute l'armée persane, engagée successivement, ne put en plusieurs jours forcer les Grecs dans le redoutable défilé. Ceux-ci ne pouvant trouver la mort à leur poste, l'allèrent chercher au milieu du camp ennemi. « Ce n'est point ici, dit Léonidas à ses compagnons, que nous devons combattre : il faut marcher à la tente de Xerxès, l'immoler ou périr au milieu de son camp. » Ses soldats ne répondirent que par un cri de joie. Il leur fait prendre un repas frugal, en ajoutant : « Nous en prendrons bientôt un autre chez Pluton ! » Et il marche à leur tête.

Il eut la gloire de mettre le désordre dans l'armée entière de Xerxès, et les soldats de ce prince songeaient à prendre la fuite, quand les premiers rayons du soleil offrirent à leurs yeux le petit nombre de leurs vainqueurs. Ils se forment aussitôt, et attaquent les Grecs de toutes parts. Léonidas tombe sous une grêle de traits. Les Grecs réussissent à enlever son corps, regagnent la montagne, et s'y font tuer sur la dépouille de leur général, comme si, un moment, entraînés par leur courage, ils n'eussent dû cependant recevoir la mort que dans le poste assigné par la patrie.

Lacédémone s'enorgueillit de la perte de ses guerriers. Pendant qu'ils étaient aux Thermopyles, un Trachinien, voulant leur donner une haute idée de l'armée de Xerxès, leur disait que le nombre de ses traits suffirait pour obscurcir le soleil. « Tant mieux, » répondit le Spartiate Diénécès, nous com- » battrons à l'ombre. »

Deux Lacédémoniens, absens par ordre du général, furent soupçonnés, à leur retour, de n'avoir pas fait tous leurs efforts pour se trouver au combat. Ce doute les couvrit d'infamie : l'un s'arracha la vie ; l'autre n'eut de ressource que de la perdre quelque temps après à la bataille de Platée.

Le dévouement de Léonidas et de ses compagnons produisit plus d'effet que la victoire la plus brillante : il apprit aux Grecs le secret de leurs forces ; aux Perses celui de leur faiblesse.

Il ne resta bientôt plus de l'armée persane, qu'un très petit nombre de soldats, qui regagnèrent, à grande peine, leur pays. La dernière bataille qui anéantit cette armée fut celle de Platée.

Thémistocle, qui avait beaucoup contribué aux succès de cette guerre, reçut de ses services la même récompense à peu près que Miltiade : il fut banni, et se retira d'abord dans le Péloponèse ; mais, contraint ensuite de se réfugier chez les Perses, il mourut dans leur pays plusieurs années après. Les Athéniens s'aperçurent à peine de cette perte. Ils possédaient Aristide et Cimon, fils de Miltiade : ils confièrent à ce dernier le commandement de la flotte grecque. Ce fut Périclès qui succéda à ce nouveau favori du peuple athénien.

Siècle de Périclès.

Cet homme célèbre consacra ses premières années à l'étude de la philosophie et de l'éloquence, sans se mêler des affaires publiques, et ne paraissant ambitionner d'autre distinction que celle de la valeur. Mais il se produisit ensuite en public, et ne tarda pas à se concilier la faveur du peuple par ses qualités brillantes. Après l'avoir partagée quelque temps avec Cimon, il fit bannir ce dernier, faussement accusé d'entretenir des liaisons suspectes avec les ennemis de l'Etat.

Après la mort de Cimon, Thucydide, son beau-frère, tâcha de ranimer le parti chancelant des principaux citoyens; il maintint pendant quelque temps l'équilibre, mais finit par éprouver les rigueurs de l'ostracisme ou de l'exil.

La domination de Périclès fut glorieuse pour Athènes. Toutes les parties du gouvernement furent également soignées par lui, et prospérèrent. Il étendit aussi, par des victoires éclatantes, les domaines de la république; mais quand il vit la puissance des Athéniens à une certaine élévation, il crut que ce serait une honte de la laisser s'affaiblir, et un malheur de l'augmenter encore. Cette vue dirigea toutes ses opérations; et le triomphe fut d'avoir, pendant

3**

si long-temps, retenu les Athéniens dans l'inaction, leurs alliés dans la dépendance, et ceux de Lacédémone dans le respect.

En mourant il laissa cependant les Athéniens engagés dans une guerre terrible contre les Lacédémoniens. Ce fut celle dite du Péloponèse. Dans cette guerre, qui dura vingt-sept ans, les Lacédémoniens eurent pour eux les Béotiens, les Locriens, les Phocéens, ceux de Mégare, d'Ambracie, de Leucade et de tout le Péloponèse, excepté les Argiens, qui restèrent neutres. Les Athéniens rallièrent à eux les villes grecques situées sur les côtes de l'Asie, celles de la Thrace, de l'Hellespont, etc.; en un mot, tous les insulaires, excepté ceux de Mélos et de Théta.

Dans les premières années de ce funeste démêlé, la peste ravagea Athènes. Périclès fut atteint mortellement, la troisième année de la guerre. Quelque temps auparavant, les Athéniens, par une de ces révolutions si fréquentes chez eux, l'avaient dépouillé de son autorité, et condamné à une amende; mais ils venaient de reconnaître leur injustice, et Périclès la leur avait pardonnée, quoique dégoûté du commandement par la légèreté du peuple, et par la perte de sa famille et de la plupart de ses amis que la peste avait enlevés. Près de rendre le dernier soupir, et ne donnant plus aucun signe de vie, les principaux d'Athènes, assemblés autour de son lit, soulageaient leur douleur en racontant ses victoires et le nombre de ses trophées. « Ces exploits, leur dit-il en se soulevant avec effort, sont l'ouvrage de la fortune, et me sont communs avec d'autres généraux. Le seul éloge que je mérite, est de n'avoir fait prendre le deuil à aucun citoyen. »

Après sa mort, Périclès fut remplacé par Cléon. C'était un homme sans naissance, sans véritable talent, mais vain, audacieux, emporté, et par-là même agréable à la multitude. Il se l'était attachée par ses largesses; il la retenait en lui inspirant une grande idée de la puissance d'Athènes, un souverain mépris pour celle de Lacédémone. Ce fut lui qui rassembla, un jour, ses amis, et leur déclara qu'étant sur le point d'administrer les affaires publiques, il renonçait à des liaisons qui l'engageraient peut-être à commettre quelque injustice. Il n'en fut pas moins le plus avide et le plus injuste des hommes.

Il fut tué dans une bataille contre les Lacédémoniens. Nicias, qui lui avait long-temps disputé la faveur du peuple, lui succéda dans cette faveur. Il conclut une paix qui aurait pour long-temps assuré le repos de la Grèce, si la guerre n'avait pas été nécessaire à l'élévation d'Alcibiade.

Des historiens ont flétri la mémoire de cet Athénien, et d'autres l'ont relevée par des éloges. Il semble que la nature avait essayé de réunir en lui tout ce qu'elle peut produire de plus fort en vices et en vertus. Né dans une république, il devait s'élever au-dessus d'elle-même, avant de la mettre à ses pieds. C'est là, sans doute, le secret des brillantes entreprises dans lesquelles il entraîna les Athéniens.

La première fut dirigée contre la Sicile. Chargé de la conduite de cette guerre, Alcibiade y faisait des merveilles, quand on vint lui signifier, au milieu même de l'armée, un décret public qui ordonnait qu'il fût ramené à Athènes, pour y répondre à une ancienne accusation qu'on venait de renouveler. Il n'obéit pas, et se retira dans le Péloponèse. Sa retraite répandit le découragement dans l'armée, qui fut bientôt réduite à mettre bas les armes devant les Syracusains. Ceux-ci firent périr Nicias et Démosthène qui la commandaient.

Après avoir armé une partie de la Grèce contre sa patrie, Alcibiade revint la défendre, aigri par des injustices qu'il avait essuyées de la part de ses hôtes. Les Athéniens lui en réservaient cependant encore de nouvelles. Pour un léger échec éprouvé par ses lieutenans en son absence, il fut, derechef, dépouillé du commandement.

A la suite de sa disgrâce, les Athéniens, punis une seconde fois de leur ingratitude, perdirent la bataille navale d'Ægos-Potamos, livrée malgré ses avis.

La perte de cette bataille entraîna celle d'Athènes, qui, après un siége de quelques mois, se rendit faute de vivres. Plusieurs

Mort d'Alcibiade.

avait conclu que ce prince méditait une expédition contre Artaxerxès, son frère : il comptait, en conséquence, se rendre auprès du roi de Perse, l'avertir du danger qui le menaçait, et en obtenir des secours pour délivrer sa patrie ; mais tout à coup des assassins envoyés par le satrape, entourent sa maison, et, n'ayant pas la hardiesse de l'attaquer, y mettent le feu. Alcibiade s'élance, l'épée à la main, à travers les flammes, écarte les barbares, et tombe sous une grêle de traits. Il était alors âgé de quarante ans.

La gloire de sauver Athènes était réservée à Thrasybule ; revenu à la tête des bannis, il appela le peuple à la liberté. Quelques uns des tyrans périrent les armes à la main ; d'autres furent arrêtés et condamnés à perdre la vie. Une amnistie générale rapprocha les deux partis, et ramena la tranquillité dans Athènes.

Quelques années après, elle secoua le joug de Lacédémone, rétablit la démocratie, et accepta le traité de paix que le Spartiate Antalcidas conclut avec Artaxerxès.

Par ce traité, les colonies grecques de l'Asie mineure et quelques îles voisines furent abandonnées à la Perse ; les autres peuples de la Grèce recouvrèrent leurs lois et leur indépendance : ainsi furent terminés les différends qui avaient occasioné la guerre des Mèdes et celle du Péloponèse.

La nature avait, à cette époque, fait éclore une foule de génies de tous les genres. Athènes en produisit plusieurs : elle en vit un plus grand nombre venir chez elle briguer l'honneur de ses suffrages.

Sans parler d'un Gorgias, d'un Parménide, d'un Protagoras, et de tant d'autres sophistes éloquens qui, en semant leurs doutes dans la société, y multipliaient les idées, Sophocle, Euripide, Aristophane, brillaient sur la scène, entourés de rivaux qui partageaient leur gloire ; l'astronome Méton calculait les mouvemens des cieux, et fixait les limites de l'année ; les orateurs Antiphon, Andocède, Lysias, se distinguaient dans les différens genres de l'éloquence ; Thucydide, encore frappé des applaudissemens qu'avait reçus Hérodote lorsqu'il lut son histoire aux Athéniens, se préparait à en mériter de semblables ; Socrate transmettait une doctrine sublime à des disciples dont plusieurs ont fondé des écoles ; d'habiles généraux faisaient triompher les armes de la république ; les plus superbes édifices s'élevaient sur les dessins des plus savans architectes ; les pinceaux de Polygnote, de Parrhasius et de Zeuxis, les ciseaux de Phidias et d'Alcamène, décoraient à l'envi les temples, les portiques et les places publiques. Tous ces grands hommes, tous ceux qui florissaient dans d'autres cantons de la Grèce, se reproduisaient dans des élèves dignes de les remplacer ; et il était aisé de voir que le siècle le plus corrompu serait bientôt le plus éclairé des siècles.

Sous Périclès, cependant, les recherches philosophiques furent sévèrement proscrites par les Athéniens ; et tandis que les devins étaient quelquefois entretenus avec distinction au prytanée, les philosophes osaient à peine confier leurs dogmes à des disciples fidèles. Ils n'étaient pas mieux accueillis chez les autres peuples. Partout, objets de haine ou de mépris, ils n'échappaient aux fureurs du fanatisme qu'en tenant la vérité captive; et à celles de l'envie, que par une pauvreté volontaire ou forcée. Plus tolérés aujourd'hui, ils sont encore surveillés de si près, qu'à la moindre licence, la philosophie éprouverait les mêmes outrages qu'autrefois.

PETIT ANACHARSIS.

CHAPITRE PREMIER.

Départ de Scythie. Le Pont-Euxin. Etat de la Grèce, depuis la prise d'Athènes jusqu'au moment du voyage (l'an 363 avant Jésus-Christ). Arrivée à Byzance. Colonies grecques. Détroit de l'Hellespont. Voyage de Byzance à Lesbos.

ANACHARSIS, Scythe de nation, fils de Toxaris, est l'auteur de cet ouvrage, qu'il adresse à ses amis. Il commence par leur exposer les motifs qui l'engagèrent à voyager.

Vous savez, dit-il, que je descends du sage Anacharsis, si célèbre parmi les Grecs, et si indignement traité chez les Scythes. L'histoire de sa vie et de sa mort m'inspira, dès ma plus tendre enfance, de l'estime pour la nation qui avait honoré ses vertus, et de l'éloignement pour celle qui les avait méconnues.

Ce dégoût fut augmenté par l'arrivée d'un esclave grec, dont je fis l'acquisition. Il était d'une des principales familles de Thèbes en Béotie. Environ trente-six ans auparavant, il avait suivi le jeune Cyrus dans l'expédition que ce prince entreprit contre son frère Artaxerxès, roi de Perse. Fait prisonnier dans un de ces combats que les Grecs furent obligés de livrer en se retirant, il changea souvent de maître, traîna ses fers chez différentes nations, et parvint aux lieux que j'habitais.

Plus je le connus, plus je sentis l'ascendant que les peuples éclairés ont sur les autres peuples. Timagène, c'était le nom du Thébain, m'attirait et m'humiliait par les charmes de sa conversation, et par la supériorité de ses lumières. L'histoire des Grecs, leurs mœurs, leur gouvernement, leurs sciences, leurs arts, leurs fêtes, leurs spectacles, étaient le sujet intarissable de nos entretiens. Je l'interrogeais, je l'écoutais avec transport : je venais d'entrer dans ma dix-huitième année; mon imagination ajoutait les plus vives couleurs à ses riches tableaux. Je n'avais vu jusqu'alors que des tentes, des troupeaux et des déserts. Incapable désormais de supporter la vie errante que j'avais menée, et l'ignorance profonde à laquelle j'étais condamné, je résolus d'abandonner un climat où la nature se prêtait à peine aux besoins de l'homme, et une nation qui ne me paraissait pas avoir d'autres vertus que de ne pas connaître tous les vices.

Vers la fin de la première année de la 104e. olympiade, je partis avec Timagène, à qui je venais de rendre la liberté. Après avoir traversé de vastes solitudes, nous arrivâmes sur les bords du Tanaïs, près de l'endroit où il se jette dans le Palus Méotide. Là, nous étant embarqués, nous nous rendîmes à la ville de Panticapée, vers l'entrée du Bosphore Cimmérien, qui joint le lac au Pont-Euxin. Cette ville, où les Grecs établirent autrefois une colonie, est devenue la capitale d'un petit empire qui s'étend sur la côte orientale de la Chersonèse Taurique.

La Chersonèse Taurique produit du blé en abondance; les Grecs y font un grand commerce.

Cléomède, commandant un vaisseau de Lesbos, près de mettre à la voile, consentit à nous prendre sur son bord. En attendant le jour du départ, j'allais, je venais : je ne pouvais me rassasier de revoir la citadelle, l'arsenal, le port, les vaisseaux, leurs agrès, leurs manœuvres; j'entrais au hasard dans les maisons des particuliers, dans les manufactures, dans les moindres boutiques ; je sortais de la ville, et mes yeux restaient fixés sur des vergers couverts de fruits, sur des campagnes enrichies de moissons. Je parlais à tout le monde de mon bonheur. Tout ce qui me frappait, je courais l'annoncer à Timagène, comme une découverte nouvelle pour lui ainsi que pour moi. Je lui demandai si le lac Méotide n'était pas la plus grande des mers; si Panticapée n'était pas la plus belle ville de l'univers.

Dans la suite, ma surprise, en s'affaiblissant, a fait évanouir les plaisirs dont elle était la source ; et j'ai vu avec peine que nous perdons du côté des sensations ce que nous gagnons du côté de l'expérience.

Je ne décrirai point les mouvemens dont je fus agité, lorsque, à la sortie du Bosphore Cimmérien, la mer qu'on nomme *Pont-Euxin*, se développa insensiblement à mes regards. Près de quarante fleuves y versent les eaux d'une partie de l'Asie et de l'Europe. Sa longueur est, dit-on, de douze mille cent stades (environ quatre cent dix-neuf lieues); sa plus grande largeur, de trois mille trois cents. Sur ses bords habitent des nations qui diffèrent entre elles d'origine, de mœurs et de langage; on y trouve, sur les côtes méridionales, des villes grecques florissantes, fondées par ceux de Milet, de Mégare et d'Athènes; à l'est est la Colchide, célèbre par le voyage des Argonautes.

Les fleuves qui se jettent dans le Pont le couvrent de glaçons dans les grands froids, adoucissent l'amertume de ses eaux, y portent une énorme quantité de limons et de substances végétales qui attirent et engraissent une multitude de poissons. Cette mer est souvent agitée par des tempêtes violentes : elle n'est pas profonde, excepté vers sa partie orientale.

Pendant que Cléomède nous instruisait de ces détails, il traçait sur ses tablettes le circuit du Pont-Euxin. Quand il l'eut terminé : « Vous avez, lui dis-je, figuré, sans vous en apercevoir, l'arc dont nous nous servons en Scythie. Mais je ne vois point d'issue à cette mer. — Elle ne communique aux autres, répondit-il, que par un canal à peu près semblable à celui d'où nous venons de sortir. »

Les troupeaux s'approchent à l'envi du rivage de la mer, parce qu'elle leur présente une boisson aussi agréable que salutaire. On nous dit qu'en hiver, quand la mer est prise, les pêcheurs de ces cantons dressent leurs tentes sur sa surface, et jettent leurs lignes à travers des ouvertures pratiquées dans la glace. On nous montra de loin l'embouchure du Boristhène, celle de l'Ister et de quelques autres fleuves. Nous passions souvent la nuit à terre, et quelquefois à l'ancre.

Un jour, Cléomède nous dit qu'il avait lu autrefois l'histoire de l'expédition du jeune Cyrus. « La Grèce s'est donc occupée de nos malheurs, dit Timagène; et quelle est la main qui en traça le tableau ? — Ce fut, répondit Cléomède, l'un des généraux qui ramenèrent les Grecs dans leur patrie, Xénophon d'Athènes. Hélas !

reprit Timagène, depuis environ trente-sept ans que le sort me sépara de lui, voici la première nouvelle que j'ai de son retour........ je crains bien que la mort......»

Rassurez-vous, dit Cléomède, il vit encore. — Que les dieux soient bénis! reprit Timagène; il vit! Il recevra les embrassemens d'un soldat, d'un ami dont il sauva plusieurs fois les jours : sans doute que les Athéniens l'ont comblé d'honneurs? — Ils l'ont exilé, répondit Cléomède, parce qu'il paraissait trop attaché aux Lacédémoniens. Les regards de la Grèce sont maintenant fixés sur Epaminondas de Thèbes. — Epaminondas! son âge? le nom de son père? — Il a près de cinquante ans; il est fils de Polymnis et frère de Caphisias. — C'est lui! reprit Timagène avec émotion; c'est lui-même! Je l'ai connu dans son enfance : il fut élevé dans l'amour de la pauvreté, dans l'amour de la vertu; jamais des progrès plus rapides dans les exercices du corps, dans ceux de l'esprit : ses maîtres ne suffisaient pas au besoin qu'il avait de s'instruire.

Timagène fut au comble de la joie, lorsqu'il apprit de Cléomède que, grâce aux exploits d'Epaminondas, Thèbes, sa patrie, était devenue la première puissance de la Grèce, après s'être soustraite, par la victoire de Leuctres, au joug que les Lacédémoniens faisaient peser sur une grande partie de la Grèce depuis le combat naval d'Ægos-Potamos.

« Les chefs de la ligue béotienne ne sont en exercice que pendant une année, continua Cléomède; Epaminondas et Pélopidas, qui avaient combattu à la tête des Thébains dans cette glorieuse journée, avaient conservé le commandement quatre mois entiers au delà du terme prescrit par la loi. Ils furent accusés et traduits en justice. Le dernier se défendit sans dignité; il eut recours aux prières. Epaminondas parut devant ses juges avec tranquillité. « La loi me condamne, leur
» dit-il, je mérite la mort. Je demande
» seulement qu'on grave cette inscrip-
» tion sur mon tombeau : Les Thébains
» ont fait mourir Epaminondas, parce
» qu'à Leuctres il les força d'attaquer et
» de vaincre ces Lacédémoniens qu'ils
» n'osaient pas auparavant regarder en
» face; parce que sa victoire sauva sa
» patrie, et rendit la liberté à la Grèce ;
» parce que, sous sa conduite, les Thé-

» bains assiégèrent Lacédémone, qui s'es-
» tima trop heureuse d'échapper à sa
» ruine ; parce qu'il rétablit Messène,
» et l'entoura de fortes murailles. » Les
habitans applaudirent au discours d'Epaminondas, et les juges n'osèrent pas le
condamner.

» L'envie, qui s'accroît par ses dé-
faites, crut avoir trouvé l'occasion de
l'humilier. Dans la distribution des emplois, le vainqueur de Leuctres fut chargé
de veiller à la propreté des rues et à l'entretien des égouts de la ville. Il releva
cette commission, et montra qu'il ne faut
pas juger des hommes par les places,
mais des places par ceux qui les remplissent.

» Pendant les six années qui se sont
écoulées depuis, nous avons vu plus
d'une fois Epaminondas faire respecter
les armes thébaines dans le Péloponèse,
et Pélopidas les faire triompher en Thessalie. Ce dernier marcha, l'année dernière, contre un tyran de Thessalie,
nommé Alexandre. Il périt au moment
même où il remportait la victoire. Thèbes
a perdu l'un de ses soutiens ; mais Epaminondas lui reste. Il se propose de porter
les derniers coups à Lacédémone. Le

printemps prochain décidera cette grande querelle. »

Après plusieurs jours d'une navigation heureuse, nous arrivâmes au Bosphore de Thrace. L'abord en est dangereux. Les navigateurs jetés sur les côtes voisines par les vents contraires, n'y trouvent que la mort ou l'esclavage; car les habitans de cette contrée sont de vrais barbares.

En entrant dans le canal, l'équipage adressa mille actions de grâces à Jupiter, surnommé Urius, dont nous avions le temple à gauche, sur la côte d'Asie.

Le Bosphore de Thrace sépare l'Europe de l'Asie. Sa longueur, depuis le temple de Jupiter jusqu'à la ville de Byzance, où il finit, est de cent vingt stades. Sa largeur varie : à l'entrée elle est de quatre stades ; à l'extrémité opposée, de quatorze : en certains endroits les eaux forment de grands bassins et des baies profondes.

De chaque côté le terrain s'élève en amphithéâtre, et présente les aspects les plus agréables et les plus diversifiés. Vers le milieu du canal, on nous montra l'endroit où Darius, roi de Perse, fit passer sur un pont de bateaux sept cent mille hommes qu'il conduisait contre les Scythes. Le détroit, qui n'a pas plus de cinq stades de large, s'y trouve resserré par un promontoire sur lequel est un temple de Mercure. Là, deux hommes placés, l'un en Asie, l'autre en Europe, peuvent s'entendre facilement.

Nous entrâmes dans le port de Byzance après avoir laissé à gauche la petite ville de Chrysopolis, et reconnu du même côté celle de Chalcédoine.

Byzance, fondée par les Mégariens, successivement rétablie par les Milésiens et par d'autres peuples de la Grèce, est située sur un promontoire dont la forme est à peu près triangulaire, et d'où l'on découvre la mer Propontide, les villes de Chalcédoine et de Chrysopolis, et le détroit du Bosphore.

Les mers que nous avions parcourues offraient sur leurs rivages plusieurs établissemens formés par les peuples de la Grèce. J'en devais trouver d'autres dans l'Hellespont, et sans doute dans des mers plus éloignées. Quels furent les motifs de ces émigrations? De quel côté furent-elles dirigées? Les colonies ont-elles conservé des relations avec leurs métropoles? Cléomède étendit quelques cartes sous mes yeux, et Timagène s'empressa de répondre à mes questions.

La Grèce, me dit-il, est une presqu'île, bornée à l'occident par la mer Ionienne, à l'orient par la mer Egée. Ce pays est d'une très médiocre étendue, en général stérile, et presque partout hérissé de montagnes.

A l'occident, nous occupons Zacinthe, Céphalénie, Corcyre; nous avons même quelques établissemens sur les côtes de l'Illyrie. Nous avons formé des sociétés nombreuses et puissantes dans la partie méridionale de l'Italie, et dans presque toute la Sicile. Plus loin encore, au pays des Celtes, vous trouverez Marseille, fondée par les Phocéens, mère de plusieurs colonies établies sur les côtes voisines.

En Afrique, l'opulente ville de Cyrène, et celle de Naucratis, située à l'une des embouchures du Nil, sont sous notre domination.

En revenant vers le nord, vous nous trouverez en possession de presque toute l'île de Chypre, de celles de Rhodes et de Crète, de celles de la mer Egée, d'une grande partie des bords de l'Asie opposés à ces îles, de ceux de l'Hellespont, de plusieurs côtes de la Propontide et du Pont-Euxin.

Par une suite de leur position, les Athéniens portèrent leurs colonies à l'orient, et les peuples du Péloponèse à l'occident de la Grèce.

L'excès de population dans un canton, l'ambition dans les chefs, l'amour de la liberté dans les particuliers, des maladies contagieuses et fréquentes, des oracles imposteurs, des vœux indiscrets, donnèrent lieu à plusieurs émigrations.

Les liens qui unissent des enfans à ceux dont ils tiennent le jour, subsistent entre les colonies et les villes qui les ont fondées. Elles prennent, sous leurs différens rapports, les noms tendres et respectables de fille, de sœur, de mère et d'aïeule.

C'est de la métropole que souvent les colonies reçoivent leurs prêtres, leurs magistrats, leurs généraux; elles adoptent ou conservent ses lois, ses usages et le culte de ses dieux; elles envoient, tous les ans, dans ses temples, les prémices de leurs moissons. Ses citoyens ont chez elles la première part dans la distribution des victimes, et les places les plus distinguées dans les jeux et dans les assemblées du peuple.

Tant de prérogatives accordées à la métropole ne rendent point son autorité odieuse; mais les mêmes causes qui, parmi les particuliers, éteignent les sentimens de la nature, jettent, tous les jours, le trouble dans ces familles de villes.

Le détroit de l'Hellespont était le troisième que je trouvais sur ma route, depuis que j'avais quitté la Scythie. Sa longueur est de quatre cents stades. Nous le parcourûmes en peu de temps; le vent était favorable. Nous aperçûmes, d'un côté, la ville de Lampsaque, dont le territoire est renommé pour ses vignobles; de l'autre, l'embouchure d'une petite rivière nommée Ægos-Potamos, où Lysander remporta cette célèbre victoire qui termina la guerre du Péloponèse. Plus loin, sont les villes de Sestos et d'Abydos, presque en face l'une de l'autre. Près de la première est la tour de Héro. C'est là, me dit-on, qu'une jeune prêtresse de Vénus se précipita dans les flots : ils venaient d'engloutir Léandre, son amant, qui, pour se rendre auprès d'elle, était obligé de traverser le canal à la nage.

De ce côté-ci, disait-on encore, est le tombeau d'Hécube; de l'autre, celui d'Ajax. Voici le port d'où la flotte d'Agamemnon se rendit en Asie; et voilà les côtes du royaume de Priam.

Tout plein d'Homère et de ses descriptions, je demandai avec instance que l'on me mît à terre. Je m'élançai sur le rivage. Je vis Vulcain verser des torrens de flammes sur les vagues écumantes du Scamandre soulevé contre Achille. Je m'approchai des portes de la ville, et mon cœur fut déchiré des tendres adieux d'Andromaque et d'Hector. Je vis, sur le mont Ida, Pâris adjuger le prix de la beauté à la mère de l'Amour. J'y vis arriver Junon : la terre souriait en sa présence; les fleurs naissaient sous ses pas ; elle avait la ceinture de Vénus : jamais elle ne mérita mieux d'être appelée la reine des dieux.

Mais une si douce illusion ne tarda pas à se dissiper, et je ne pus reconnaître les lieux immortalisés par les poëmes d'Homère. Il ne reste aucun vestige de la ville de Troie; ses ruines même ont disparu.

Je remontai sur le vaisseau, et je tressaillis de joie en apprenant que notre voyage allait finir ; que nous étions sur la mer Égée, et que le lendemain nous serions à Mytilène, une des principales villes de Lesbos. Nous entrâmes dans la mer Egée.

Nous laissâmes à droite les îles d'Imbros, de Samothrace et de Thasos; la dernière, célèbre par ses mines d'or; la seconde, par la sainteté de ses mystères. Sur le soir, nous aperçûmes, du côté de Lemnos, des flammes qui s'élevaient par intervalles dans les airs : on me dit qu'elles s'échappaient du sommet d'une montagne; que l'île était pleine de feux souterrains; qu'on y trouvait des sources d'eaux chaudes, et que les anciens Grecs n'avaient pas rapporté ces faits à des causes naturelles. Vulcain, disaient-ils, a établi un de ses ateliers à Lemnos; les cyclopes y forgent les foudres de Jupiter. Au bruit sourd qui accompagne quelquefois l'éruption des flammes, le peuple croit entendre les coups de marteau.

Vers le milieu de la nuit, nous côtoyâmes l'île de Ténédos; au point du jour, nous entrâmes dans le canal qui sépare Lesbos du continent voisin. Bientôt après nous nous trouvâmes en face de Mytilène, et nous vîmes, dans la campagne, une procession qui s'avançait lentement vers un temple que nous distinguions dans le lointain. C'était celui d'Apollon, dont on célébrait la fête. Des voix éclatantes faisaient retentir les airs de leurs chants. Le jour était serein ; un doux zéphyr se jouait dans nos voiles. Ravi de ce spectacle, je ne m'aperçus pas que nous étions dans le port. Cléomède trouva sur le rivage ses parens et ses amis, qui le reçurent avec des transports de joie. Nous logeâmes chez lui ; il s'était chargé du soin de nous faire passer dans le continent de la Grèce.

CHAPITRE II.

Description de Lesbos. Pittacus, Arion, Terpandre, Alcée, Sapho. Description de l'Eubée, de Chalcis et de Thèbes. Epaminondas. Philippe de Macédoine. Description d'Athènes. Académie, Lycée, Gymnase, etc.

LE départ du vaisseau qui devait nous transporter à Chalcis se fit attendre plus d'un mois. Je profitai de ce temps pour m'informer de tout ce qui concerne le pays que j'habitais.

On donne à Lesbos onze cents stades de tour. La principale richesse des habitans consiste dans leurs vins. Mytilène, Pyrrha, Méthymne, Arisba, Éressus, Antissa, sont les principales villes, tour à tour libres et asservies. Elles secouèrent le joug des Perses, du temps de Xerxès, s'allièrent avec les Athéniens, auxquels elles furent, plus d'une fois, infidèles, et qui les en punirent cruellement. Dans une de ces occasions, les Athéniens, ayant pris Mytilène, rasèrent ses murailles, et mirent à mort les habitans les plus considérables.

Lesbos est le séjour des plaisirs, ou plutôt de la licence la plus effrénée. Elle a produit des personnages célèbres. Je placerai à la tête des noms les plus distingués que ce pays a produits, celui de Pittacus, que la Grèce a mis au nombre de ses sages.

Par sa valeur et par sa prudence, il délivra Mytilène, sa patrie, des tyrans qui l'opprimaient, de la guerre qu'elle soutenait contre les Athéniens, et des divisions intestines dont elle était déchirée. Parmi les lois qu'il lui donna, il en est une qui mérite l'attention des philosophes ; c'est celle qui inflige une double peine aux fautes commises dans l'ivresse. Il était nécessaire d'ôter le prétexte de l'ignorance aux excès où l'amour du vin précipitait les Lesbiens.

La musique et la poésie ont fait de si grands progrès à Lesbos, que les Grecs disent encore tous les jours, qu'aux funérailles des Lesbiens, les Muses, en deuil, font retentir les airs de leurs gémissemens. Cette île possède une école de musique, qui, s'il en fallait croire une tradition, remonterait aux temps d'Orphée. Lorsque ce mortel, dont les chants opéraient tant de prodiges, eut été mis en pièces par les Bacchantes, sa tête et sa lyre furent jetées dans l'Hèbre, fleuve de Thrace, et transportées par les flots de la mer jusqu'aux rivages de Méthymne. Pendant le trajet, la voix d'Orphée faisait entendre des sons touchans, soutenus par ceux de la lyre dont le vent agitait doucement les cordes. Les habitans de Méthymne ensevelirent cette tête, et suspendirent la lyre au temple d'Apollon. Le dieu, pour les récompenser, leur inspira le goût de la musique, et fit éclore parmi eux une foule de talens. Pendant que le prêtre d'Apollon nous faisait ce récit, un citoyen de Méthymne observa que les Muses avaient enterré le corps d'Orphée dans un canton de la Thrace, et qu'aux environs de son tombeau les rossignols avaient une voix plus mélodieuse que partout ailleurs.

Lesbos a produit une succession d'hommes à talens, qui se sont transmis l'honneur de surpasser les autres musiciens de la Grèce dans l'art de jouer de la cithare. Les noms d'Arion de Méthymne, et de Terpandre d'Antisse, décorent cette liste nombreuse.

Le premier, qui vivait il y a environ trois cents ans, a laissé un recueil de poésies qu'il chantait au son de sa lyre, comme faisaient alors tous les poëtes. On rapporte que, s'étant embarqué à Tarente sur un vaisseau corinthien, et les matelots l'ayant jeté à la mer, pour profiter de ses dépouilles, un dauphin le transporta au promontoire de Ténare. J'ai vu, en plusieurs endroits, la statue de ce poëte, toujours représenté sur un dauphin.

Terpandre vivait à peu près dans le même temps qu'Arion. Il remporta plus d'une fois le prix dans les jeux publics de la Grèce : il ajouta trois cordes à la lyre, qui, auparavant, n'en avait que quatre, et introduisit de nouveaux rhythmes dans la poésie. On lui doit d'avoir fixé, par des notes, le chant qui convenait aux poésies d'Homère.

Environ cinquante ans après Terpandre, florissaient, à Mytilène, Alcée et Sapho. Alcée parut d'abord se destiner à la profession des armes; mais, à la première occasion, il prit honteusement la fuite. Il commença par exhaler, dans ses écrits, sa haine contre la tyrannie : il chanta depuis les dieux, et surtout ceux qui président aux plaisirs. Il avait conçu de l'amour pour Sapho. Il lui écrivit un jour : « Je voudrais m'expliquer, mais la honte me retient. — Votre front n'aurait pas à rougir, lui répondit-elle, si votre cœur n'était pas coupable. »

Un jour, parlant de Sapho à un citoyen de Mytilène, je lui disais : « L'image de Sapho est empreinte sur vos monnaies; vous êtes remplis de vénération pour sa mémoire : comment concilier les sentimens qu'elle a déposés dans ses écrits, et les honneurs que vous lui décernez en public, avec les mœurs infâmes qu'on lui attribue sourdement? » Il me répondit : « Nous ne connaissons pas assez les détails de sa vie pour en juger. A parler exactement, on ne pourrait rien conclure, en sa faveur, de la justice qu'elle rend à la vertu, et de celle que nous rendons à ses talens.

» Sapho était extrêmement sensible, continua cet homme. Elle aima Phaon, dont elle fut abandonnée : elle fit de vains efforts pour le ramener; et, désespérant d'être désormais heureuse avec lui et sans lui, elle tenta le saut de Leucade, et périt dans les flots. »

Plusieurs femmes de la Grèce ont cultivé la poésie avec succès; aucune n'a pu, jusqu'à présent, égaler Sapho; et, parmi les autres poëtes, il en est très peu qui méritent de lui être préférés.

Nous nous embarquâmes le lendemain, et nous doublâmes le cap Malée. Sur le vaisseau étaient quelques habitans de l'Eubée : l'un était d'Orée, l'autre de Caryste, le troisième d'Érétrie. Si le vent, me disait le premier, nous permet d'entrer, du côté du nord, dans le canal qui est entre l'île et le continent, nous pourrons nous arrêter à la première ville que nous trouverons à gauche; c'est celle d'Orée, presque toute peuplée d'Athéniens : vous verrez un territoire dont les vignobles étaient déjà renommés du temps d'Homère. Si vous pénétrez dans le canal par le côté opposé, dit le second, je vous inviterai à descendre au port de Caryste : je vous menerai aux carrières du mont Ocha; leur marbre est d'un vert-grisâtre; vous verrez aussi une espèce de pierre que l'on file, et dont on fait une toile qui, loin d'être consumée par le feu, s'y dépouille de ses taches.

Venez à Érétrie, dit le troisième; je vous montrerai des tableaux et des statues sans nombre. Puis il éleva avec chaleur l'ancienne puissance de cette ville et le rang qu'elle occupe encore dans la Grèce. Le commandant de notre navire étant de Chalcis, se mit à en faire l'éloge, et la dispute s'échauffa sur la prééminence de ces villes.

Nous arrivâmes à Chalcis. Elle est située dans un endroit où, à la faveur de deux promontoires qui s'avancent de part et d'autre, les côtes de l'île touchent presque à celles de la Béotie. Plusieurs fois, pendant le jour et pendant la nuit, les eaux de la mer se portent alternativement au nord et au midi : dans certains jours, le flux et le reflux paraissent assujettis à des lois constantes, comme celles du grand Océan.

Chalcis est bâtie sur le penchant d'une

montagne de même nom. Une source abondante, nommée *la fontaine d'Aréthuse*, suffit aux besoins des habitans. La ville est embellie par un théâtre, par des gymnases, des portiques, des temples, des statues et des peintures. Son heureuse situation, ses fabriques de cuivre, son territoire, arrosé par la rivière de Lélantus, et couvert d'oliviers, attirent dans son port les vaisseaux des nations commerçantes.

Le lendemain, à la pointe du jour, nous arrivâmes, sur la côte opposée, à Aulis, petit bourg auprès duquel est une grande baie, où la flotte d'Agamemnon fut long-temps retenue par les vents contraires.

De là, nous continuâmes notre chemin vers Thèbes par terre. Nous n'en étions plus éloignés que de deux cent trente stades. A l'aspect de la citadelle, que nous aperçûmes de loin, Timagène ne pouvait plus retenir ses sanglots. L'espérance et la crainte se peignaient tour à tour sur son visage. Voici ma patrie, disait-il; voilà où je laissai un père, une mère, qui m'aimaient si tendrement. Je ne puis pas me flatter de les retrouver. Mais j'avais un frère et une sœur : la mort les aura-t-elle épargnés ? Ces réflexions, auxquelles nous revenions sans cesse, déchiraient son âme et la mienne.... Nous arrivâmes à Thèbes, et les premiers éclaircissemens plongèrent le poignard dans le sein de mon ami. Les regrets de son absence avaient précipité dans le tombeau les auteurs de ses jours : son frère avait péri dans un combat : sa sœur avait été mariée à Athènes; elle n'était plus, et n'avait laissé qu'un fils et une fille. Sa douleur fut amère; mais les marques d'attention et de tendresse qu'il reçut des citoyens de tous les états, de quelques parens éloignés, et surtout d'Epaminondas, adoucirent ses peines, et le dédommagèrent, en quelque façon, de ses pertes.

Je fus présenté à ce grand homme par Timagène. Il connaissait trop le sage Anacharsis, pour ne pas être frappé de mon nom. Il fut touché du motif qui m'attirait dans la Grèce. Il nous pria de le voir souvent. Nous le vîmes tous les jours. Nous assistions aux entretiens qu'il avait avec les Thébains les plus éclairés, avec les officiers les plus habiles. Quoiqu'il eût enrichi son esprit de toutes les connaissances, il aimait mieux écouter que de parler. Pour le faire connaître, il suffira de choisir au hasard quelques traits qui serviront à caractériser l'homme privé et l'homme public.

Sa maison était moins l'asile que le sanctuaire de la pauvreté : elle y régnait dans un dénûment si absolu, qu'on aurait de la peine à le croire. Prêt à faire une irruption dans le Péloponèse, Epaminondas fut obligé d'emprunter cinquante drachmes. Mais c'était à peu près dans le temps qu'il rejetait, avec indignation, cinquante pièces d'or qu'un prince de Thessalie avait osé lui offrir.

Un jour, il nous annonçait qu'il serait obligé de rester quelques jours chez lui. Timagène, inquiet de ce projet de retraite, lui en demanda le motif. Il répondit simplement : « Je suis obligé de » faire blanchir mon manteau. » En effet, il n'en avait qu'un.

Pendant qu'il commandait l'armée, il apprit que son écuyer avait vendu la liberté d'un captif. « Rendez-moi mon » bouclier, lui dit-il ; depuis que l'ar» gent a souillé vos mains, vous n'êtes » plus fait pour me suivre dans les dan» gers. »

Zélé disciple de Pythagore, il en imitait la frugalité : il s'était interdit l'usage du vin, et prenait souvent un peu de miel pour toute nourriture.

Plus il était facile dans la société, plus il était sévère lorsqu'il s'agissait de maintenir la décence de chaque état. Un homme de la lie du peuple, et perdu de débauche, était détenu en prison : « Pour» quoi, dit Pélopidas à son ami, m'avez» vous refusé sa grâce pour l'accorder à » une courtisane ? » — C'est, répondit » Epaminondas, qu'il ne convenait pas » à un homme tel que vous, de vous » intéresser à un homme tel que lui. »

Jamais il ne brigua ni ne refusa les charges publiques. Plus d'une fois il servit comme simple soldat, sous des généraux sans expérience, que l'intrigue lui avait fait préférer. Plus d'une fois, les troupes, assiégées dans leur camp, et réduites aux plus fâcheuses extrémités, implorèrent son secours. Alors il dirigeait les opérations, repoussait l'ennemi, et ramenait tranquillement l'armée, sans se souvenir de l'injustice de sa patrie, ni du service qu'il venait de lui rendre.

Les soldats l'aiment, et le témoignent en toute occasion. Excédés de fatigue, tourmentés de la faim, ils sont toujours prêts à exécuter ses ordres, à se précipiter dans le danger. Ces terreurs paniques, si fréquentes dans les autres armées, sont inconnues dans la sienne : quand elles sont près de s'y glisser, il sait d'un mot les dissiper ou les tourner à son avantage. Un jour, tandis qu'il examinait la position de l'ennemi, un coup de tonnerre répand l'alarme parmi ses soldats; le devin ordonne de suspendre la marche. On demande avec effroi au général ce qu'annonce un pareil présage : « Que » l'ennemi a choisi un mauvais camp! » s'écrie-t-il avec assurance. Le courage des troupes se ranime, et le lendemain elles forcent le passage.

Nous avions souvent occasion de voir Polymnis, père d'Epaminondas. Ce respectable vieillard était moins touché des hommages que l'on rendait à ses vertus, que des honneurs que l'on décernait à son fils.

Les Thébains avaient chargé Polymnis de veiller sur le jeune Philippe, frère de Perdiccas, roi de Macédoine. Pélopidas, ayant pacifié ce royaume, avait reçu pour otage ce prince et trente jeunes seigneurs macédoniens. Philippe, âgé d'environ dix-huit ans, réunissait déjà le talent au désir de plaire : on était frappé de sa beauté, de son esprit, de sa mémoire, de son éloquence, et des grâces qui donnaient tant de charmes à ses paroles. Le pythagoricien Nausithoüs, son instituteur, lui avait inspiré le goût des lettres : on présumait d'avance que si ce jeune prince montait un jour sur le trône, il ne serait gouverné ni par les affaires, ni par les plaisirs.

Philippe était assidu auprès d'Epaminondas : il étudiait, dans le génie d'un grand homme, le secret de le devenir un jour. Il recueillait avec empressement ses discours, ainsi que ses exemples; et ce fut dans cette excellente école qu'il apprit à se modérer, à entendre la vérité, à revenir de ses erreurs, à connaître les Grecs, et à les asservir.

Nous nous rendîmes à Athènes, le 16 du mois anthestérion, dans la deuxième année de la 104º. olympiade, et nous prîmes pour hôte Apollodore, mari d'Epicharis, nièce de Timagène.

Athènes est comme divisée en trois parties, savoir : la citadelle, construite sur un rocher; la ville, située autour de ce rocher; les ports de Phalère, de Munychie et du Pirée.

C'est sur le rocher de la citadelle que

s'établirent les premiers habitans d'A-
thènes. Le circuit de la nouvelle ville est
de soixante stades.

Au sud-ouest, et tout près de la citadelle, est le rocher du Muséum, séparé,
par une petite vallée, d'une colline où
l'Aréopage tient ses séances.

Les rues, en général, n'ont point d'a-
lignement. La plupart des maisons sont
petites et peu commodes : quelques unes,
plus magnifiques, laissent à peine entre-
voir leurs ornemens à travers une cour,
ou plutôt une avenue longue et étroite.
Au dehors, tout respire la simplicité; et
les étrangers, au premier aspect, cherchent dans Athènes cette ville si célèbre
dans l'univers; mais leur admiration s'accroît insensiblement lorsqu'ils examinent
à loisir ces temples, ces portiques, ces
édifices publics, que tous les arts se sont
disputé la gloire d'embellir.

L'Ilissus et le Céphise serpentent autour de la ville, et, près de leurs bords,
on a ménagé des promenades publiques.

L'Attique est une espèce de presqu'île,
de forme triangulaire. Ce petit pays est
très stérile de lui-même; mais les lois,
l'industrie, le commerce et l'extrême
pureté de l'air y ont tellement favorisé

la population, que l'Attique est aujourd'hui couverte de hameaux et de bourgs, dont Athènes est la capitale.

On divise les habitans de l'Attique en trois classes ; les citoyens, les étrangers domiciliés, et les esclaves.

On distingue deux sortes d'esclaves, les Grecs d'origine, les autres étrangers. Les premiers, en général, sont ceux que le sort des armes a fait tomber entre les mains du vainqueur ; les seconds viennent de Thrace, de Phrygie, de Carie et des pays habités par les barbares.

Dans presque toute la Grèce, le nombre des esclaves surpasse infiniment celui des citoyens : on en compte environ quatre cent mille dans l'Attique. Ce sont eux qui cultivent les terres, font valoir les manufactures, exploitent les mines, travaillent aux carrières, et sont chargés, dans les maisons, de tous les détails du service ; car la loi défend de nourrir des esclaves oisifs.

Il s'en est trouvé qui ont mérité leur liberté en combattant pour la république, et, d'autres fois, en donnant à leurs maîtres des preuves d'un attachement qu'on cite encore pour exemple. Ils se rachètent aussi par un pécule qu'il leur est permis d'acquérir. Quand ils manquent essentiellement à leurs devoirs, leurs maîtres peuvent les charger de fers, les condamner à tourner la meule d'un moulin, leur interdire le mariage ou les séparer de leurs femmes; mais on ne doit jamais attenter à leur vie. Quand on les traite avec cruauté, on les force à déserter, ou du moins à chercher un asile dans le temple de Thésée : dans ce dernier cas, ils demandent à passer au service d'un maître moins rigoureux.

Lorsqu'un esclave est affranchi, il ne passe pas dans la classe des citoyens, mais dans celle des domiciliés.

Les domiciliés, au nombre d'environ dix mille, sont des étrangers établis avec leurs familles dans l'Attique, la plupart exerçant des métiers, ou servant dans la marine, protégés par le gouvernement, sans y participer. Ils doivent se choisir, parmi les citoyens, un patron qui réponde de leur conduite, et payer au trésor public un tribut annuel de douze drachmes pour les chefs de famille, et de six drachmes pour leurs enfans. Des services signalés rendus à l'état les exemptent de ce tribut.

Dans les cérémonies religieuses, des fonctions particulières les distinguent des citoyens : les hommes doivent porter une partie des offrandes, et leurs femmes étendre des parasols sur les femmes libres. Ils sont enfin exposés aux insultes du peuple et aux traits ignominieux qu'on lance contre eux sur la scène. Tout patron qui peut, en justice réglée, convaincre d'ingratitude à son égard l'esclave qu'il avait affranchi, est autorisé à le remettre sur-le-champ dans les fers, en lui disant : « Sois esclave, puisque tu ne sais » pas être libre. »

On est citoyen de naissance, lorsqu'on est issu d'un père et d'une mère qui le sont eux-mêmes ; et l'enfant d'un Athénien qui épouse une étrangère, ne doit avoir d'autre état que celui de sa mère. Les Athéniens, par adoption, jouissent presque des mêmes droits que les Athéniens d'origine : ce titre ne s'obtient pas facilement ; car il ne suffit pas qu'on soit adopté par un décret du peuple, il faut que ce décret soit confirmé par une assemblée où six mille citoyens donnent secrètement leurs suffrages ; et cette double élection peut être attaquée par le moindre des Athéniens, devant un tribunal qui a le droit de réformer le jugement du peuple même.

On compte, parmi les citoyens de l'Attique, vingt mille hommes en état de porter les armes. Tous ceux qui se distinguent par leurs richesses, par leur naissance, par leurs vertus et par leur savoir, forment ici, comme presque partout ailleurs, la principale classe des citoyens, qu'on peut appeler la *classe des notables*.

La plupart des Athéniens se contentent, pour leur habillement, de mettre par-dessus une tunique qui descend jusqu'à mi-jambe, un manteau qui les couvre presque en entier : il ne convient qu'aux gens de la campagne et sans éducation de relever au-dessus des genoux les diverses pièces de l'habillement. Beaucoup d'entre eux vont pieds nus; quelques uns couvrent leur tête d'un grand chapeau à bords retroussés.

Les femmes portent, 1°. une tunique blanche qui s'attache avec des boutons sur les épaules, qu'on serre autour du sein avec une large ceinture, et qui descend à plis ondoyans jusqu'aux talons; 2°. une robe plus courte, assujettie sur les reins par un large ruban, terminée dans sa partie inférieure, ainsi que la tunique, par des raies ornées de différentes couleurs, garnie quelquefois de manches qui ne couvrent qu'une partie des bras ; 3°. un manteau, qui tantôt est ramassé en forme d'écharpe, et tantôt, se déployant sur le corps, semble, par ses heureux contours, n'être fait que pour le dessiner : on le remplace très souvent par un léger mantelet. Quand elles sortent, elles mettent un voile sur leur tête.

Le lin, le coton, et surtout la laine, sont les matières le plus souvent employées pour l'habillement des Athéniens. L'écarlate et le pourpre sont les couleurs qu'ils recherchent le plus.

On voit des étoffes que rehausse l'éclat de l'or, d'autres où se retracent les plus belles fleurs ; mais elles ne sont destinées qu'aux vêtemens dont on couvre les statues des dieux, ou dont les acteurs se parent sur le théâtre. Pour les interdire aux femmes honnêtes, les lois ordonnent aux femmes de mauvaise vie de s'en servir.

Les Athéniennes peignent leurs sourcils en noir, et appliquent sur leur visage une couleur de blanc de céruse, avec de fortes teintes de rouge ; elles répandent sur leurs cheveux, couronnés de fleurs, une poudre de couleur jaune.

Elles vivent renfermées dans leur appartement. La loi ne leur permet de sortir, pendant le jour, que dans certaines circonstances; et pendant la nuit, qu'en voitures et avec un flambeau qui les éclaire. Cette loi laisse les femmes du dernier rang dans une entière liberté, et n'est devenue pour les autres qu'une simple règle de bienséance; règle que des affaires pressantes ou de légers prétextes font violer tous les jours. En général, elles ne doivent paraître qu'accompagnées d'eunuques ou de femmes esclaves qui leur appartiennent, et qu'elles louent même, pour avoir un cortége plus nombreux.

Un mari obligé de répudier sa femme, doit, auparavant, s'adresser à un tribunal auquel préside un des principaux magistrats.

Le même tribunal reçoit les plaintes des femmes qui veulent se séparer de leurs maris. C'est là que comparut autrefois l'épouse d'Alcibiade, la vertueuse et trop sensible Hipparète. Tandis que d'une main tremblante elle présentait le placet qui contenait ses griefs, Alcibiade survint tout à coup, la prit sous le bras sans qu'elle fît la moindre résistance, et traversant avec elle la place publique aux applaudissemens de tout le peuple, il la ramena tranquillement dans sa maison.

On va communément à pied, soit dans la ville, soit aux environs. Les gens riches, tantôt se servent de chars et de litières, tantôt se font suivre par un domestique qui porte un pliant, afin qu'ils puissent s'asseoir dans la place publique, et toutes les fois qu'ils sont fatigués de la promenade. Les hommes paraissent presque toujours avec une canne à la main; les femmes très souvent avec un parasol. La nuit, on se fait éclairer par un esclave qui tient un flambeau orné de différentes couleurs.

Dans les principales rues, on est continuellement heurté, pressé, foulé par quantité de gens à cheval, de charretiers, de porteurs d'eau, de crieurs d'édits, de mendians, d'ouvriers et autres gens du peuple. Un jour, que j'étais avec Diogène à regarder des petits chiens que l'on avait dressés à faire des tours, un de ces ouvriers, chargé d'une grosse poutre, l'en frappa rudement, et lui cria : « Prenez garde! » Diogène lui répondit sur-le-champ : « Est-ce que tu veux me frapper une seconde fois ? »

La ville entretient une garde de Scythes. Ils prononcent le grec d'une manière si barbare, qu'on les joue quelquefois sur le théâtre ; et ils aiment le vin au point que, pour dire boire à l'excès, on dit, boire comme un Scythe.

Le peuple est naturellement frugal : les salaisons et les légumes font sa principale nourriture.

La ville d'Athènes contient, outre les esclaves, plus de trente mille habitans.

Apollodore me proposa de voir l'académie. Nous traversâmes un quartier de la ville qu'on appelle *le Céramique* ou *les Tuileries* ; nous nous trouvâmes bientôt dans des champs qu'on appelle aussi *Céramiques*, et nous vîmes, le long du chemin, quantité de tombeaux ; car il n'est permis d'enterrer personne dans la ville. Le Céramique est réservé pour ceux qui ont péri dans les combats, ou qui ont mérité, d'une autre manière, une récompense publique.

L'académie n'est qu'à six stades de la ville ; c'est un grand emplacement qu'un citoyen d'Athènes, nommé *Académus*, avait autrefois possédé ; on y voit maintenant un gymnase et un magnifique jardin. Platon a fixé sa résidence auprès d'un petit temple qu'il a consacré aux Muses.

Quoique âgé d'environ soixante-huit ans, il conservait encore de la fraîcheur. Ses longs voyages altérèrent sa santé; mais il l'avait rétablie par un régime austère.

Il avait les traits réguliers, l'air sérieux, les yeux pleins de douceur, le front ouvert et dépouillé de cheveux, la poitrine large, les épaules hautes, beaucoup de dignité dans le maintien, de gravité dans la démarche, et de modestie dans l'extérieur. Il s'exprimait avec lenteur; mais les grâces et la persuasion semblaient couler de ses lèvres. Il me reçut avec autant de politesse que de simplicité.

La mère de Platon, me dit Apollodore, était de la même famille que Solon, et son père rapporte son origine à Codrus, dernier roi d'Athènes. Dans sa jeunesse, la peinture, la musique, les différens exercices du gymnase occupèrent tous ses momens: il composa ensuite quelques tragédies; mais lorsqu'il eut connu Socrate, il supprima ses pièces, et se dévoua tout entier à la philosophie.

Désirant augmenter ses connaissances, afin qu'elles pussent être plus utiles, il voyagea à Mégare, en Italie; à Cyrène, en Egypte; partout où l'esprit humain avait fait des progrès.

Il avait environ quarante ans quand il fit le voyage de Sicile pour voir l'Etna. Denys, tyran de Syracuse, souhaita de l'entretenir. Cette entrevue pensa lui coûter la vie. La conversation roulait sur le bonheur, sur la justice, sur la véritable grandeur. Platon ayant soutenu que rien n'est si lâche et si malheureux qu'un prince injuste, Denys, en colère, lui dit : « Vous » parlez comme un radoteur. — Et vous » comme un tyran, » répondit Platon. Denys ne lui permit de s'embarquer sur une galère qui retournait en Grèce, qu'après avoir exigé du commandant qu'il le jeterait à la mer, ou qu'il s'en déferait comme d'un vil esclave. Il fut vendu, racheté, et ramené dans sa patrie.

A son retour, Platon se fit un genre de vie dont il ne s'est plus écarté ; il a continué de s'abstenir des affaires publiques : il a composé, de toutes les opinions des philosophes qui l'avaient précédé, un système qu'il a développé dans ses écrits et dans ses conférences. Ses ouvrages sont en forme de dialogue. Socrate en est le principal interlocuteur.

L'ironie lui est familière. Elle lui a fait beaucoup d'ennemis.

Je demandai ensuite à Apollodore : Quel est ce jeune homme maigre et sec que je vois près de Platon, qui grasseye, et qui a les yeux petits et pleins de feu ? C'est, me dit-il, Aristote de Stagire, fils de Nicomaque, le médecin et l'ami d'Amynthas, roi de Macédoine. Je ne connais personne qui ait autant d'esprit et d'application. Platon le distingue de ses autres disciples, et ne lui reproche que d'être trop recherché dans ses habits.

Celui que vous voyez auprès d'Aristote, continua Apollodore, est Xénocrate de Chalcédoine. C'est un esprit lent et sans aménité. Platon dit de lui et d'Aristote, que l'un a besoin de frein, et l'autre d'éperon.

Comment nommez-vous, dis-je alors, cet autre jeune homme qui paraît être d'une santé si délicate, et qui remue les épaules par intervalles ? C'est Démosthène, me répondit Apollodore. Il est né dans une condition honnête. Il vient de gagner un procès contre ses tuteurs, qui voulaient le frustrer d'une partie de son bien : il a plaidé lui-même sa cause, quoiqu'il ait à peine dix-sept ans. Ses camarades, sans doute jaloux de son succès, lui donnent aujourd'hui le nom de *serpent*, et lui prodiguent d'autres épithètes déshonorantes, qu'il paraît s'attirer par la dureté qui perce dans son caractère. Il veut se consacrer au barreau ; et, dans ce dessein, il fréquente l'école d'Isée plutôt que celle d'Isocrate, parce que l'éloquence du premier lui paraît plus nerveuse que celle du second. La nature lui a donné une voix faible, une respiration embarrassée, une prononciation désagréable ; mais elle l'a doué d'un de ces caractères fermes qui s'irritent par les obstacles. S'il vient dans ce lieu, c'est pour y puiser à la fois des principes de philosophie et des leçons d'éloquence. Le même motif attire les trois élèves que vous voyez auprès de Démosthène. Ils se nomment Eschine, Hypéride et Lycurgue. Le premier a paru sur le théâtre, et cultive maintenant la poésie avec quelque succès ; le dernier appartient à l'une des plus anciennes familles de la république.

Tous ceux qu'Apollodore venait de me nommer, se sont distingués dans la suite.

Quelquefois Platon lisait ses ouvrages à ses disciples ; d'autres fois il leur proposait une question, leur donnait le temps de la méditer, et les accoutumait à définir avec exactitude les idées qu'ils attachaient aux mots. C'était communément dans les allées de l'académie qu'il donnait ses leçons : car il regardait la promenade comme plus utile à la santé, que les exercices violens du gymnase. Ses anciens disciples, ses amis, ses ennemis mêmes venaient souvent l'entendre; et d'autres s'y rendaient attirés par la beauté du lieu.

J'y vis arriver un homme âgé d'environ quarante-cinq ans : il était sans souliers, sans tunique, avec une longue barbe, un bâton à la main, une besace sur l'épaule, et un manteau sous lequel il tenait un coq en vie et sans plumes. Il le jeta au milieu de l'assemblée, en disant : « Voilà » l'homme de Platon. » Il disparut aussitôt. Platon sourit; ses disciples murmurèrent. Apollodore me dit : Platon avait défini l'homme, *un animal à deux pieds, sans plumes;* Diogène a voulu montrer que sa définition n'est pas exacte.

J'avais pris cet homme, lui dis-je, pour un de ces mendians importuns qu'on ne trouve que parmi les nations riches et policées. Il mendie en effet quelquefois, me répondit-il, mais ce n'est pas toujours par besoin. Comme ma surprise augmentait, il me dit : Allons nous asseoir sous ce platane ; je vous raconterai son histoire en peu de mots, et je vous ferai connaître quelques Athéniens célèbres que je vois dans les allées voisines. Nous nous assîmes en face d'une tour qui porte le nom de *Timon le misanthrope*, et d'une colline couverte de verdure et de maisons, qui s'appelle *Colone*.

Sur le désir que je manifestai à Apollodore de connaître l'histoire de Diogène, nous nous retirâmes à l'écart, et il me parla en ces termes :

« Vers le temps où Platon ouvrait son école à l'académie, reprit Apollodore, Antisthène, autre disciple de Socrate, établissait la sienne sur une colline placée de l'autre côté de la ville : ce philosophe cherchait, dans sa jeunesse, à se parer des dehors d'une vertu sévère ; et ses intentions n'échappèrent point à Socrate, qui lui dit un jour : « Antisthène, » j'aperçois votre vanité à travers les trous » de votre manteau. »

Antisthène communiqua ses principes à Diogène, qui ne tarda pas à les étendre. Pour retracer en lui-même l'homme dont il a conçu l'idée, il s'est soumis aux plus rudes épreuves, et s'est affranchi des plus légères contraintes. Vous le verrez lutter contre la faim, l'apaiser avec les alimens les plus grossiers; tendre quelquefois la main aux passans, pendant la nuit s'enfermer dans un tonneau, s'exposer aux injures de l'air, se rouler en été sur le sable brûlant, marcher en hiver pieds nus dans la neige, satisfaire à tous ses besoins en public et dans les lieux les plus fréquentés par la lie du peuple, et donner, tous les jours, des scènes qui, en excitant le mépris des gens sensés, ne dévoilent que trop à leurs yeux les motifs secrets qui l'animent. Je le vis un jour, pendant une forte gelée, embrasser, à demi-nu, une statue de bronze. Un Lacédémonien lui demanda s'il souffrait. — Non, dit le philosophe. — Quel mérite avez vous donc? répliqua le Lacédémonien.

Diogène a de la profondeur dans l'esprit, de la fermeté dans l'âme, de la gaieté dans le caractère; son indécence est dans les manières plutôt que dans les mœurs. De grands talens, de grandes vertus, de grands efforts n'en feront qu'un homme singulier; et je souscrirai toujours au jugement de Platon, qui a dit de lui : « C'est Socrate en délire. »

Dans ce moment, nous vîmes passer un homme qui se promenait lentement auprès de nous. Il paraissait âgé d'environ quarante ans : il avait l'air triste et soucieux, la main dans son manteau. Apollodore m'apprit que c'était Phocion. « Pendant la paix, ajouta-t-il, il cultive un petit champ qui suffirait à peine aux besoins de l'homme le plus modéré dans ses désirs, et qui procure à Phocion un superflu dont il soulage les besoins des autres. »

Après Phocion venaient deux Athéniens, dont l'un se faisait remarquer par une taille majestueuse et une figure imposante. Apollodore me dit : « Il est fils d'un cordonnier, et gendre de Cotys, roi de Thrace : il s'appelle *Iphicrate*. L'autre est fils de Conon, qui fut un des plus grands hommes de ce siècle, et s'appelle *Timothée*.

« Tous deux, placés à la tête de nos armées, ont maintenu, pendant une longue suite d'années, la gloire de la république. »

Plus tard, Apollodore me fit voir le Lycée. Les Athéniens ont trois gymnases destinés à l'instruction de la jeunesse; celui du Lycée, celui du Cynosarge, situé sur une colline de ce nom, et celui de l'Académie ; tous trois ont été construits hors des murs de la ville, aux frais du gouvernement : ce sont de vastes édifices entourés de jardins et d'un bois sacré. Comme la confiance et la sûreté doivent régner dans le gymnase, ainsi que dans tous les lieux où l'on s'assemble en grand nombre, les vols qui s'y commettent sont punis de mort, lorsqu'ils excèdent une valeur de dix drachmes.

Les exercices qu'on y pratique sont ordonnés par les lois, soumis à des règles, animés par les éloges des maîtres, et plus encore par l'émulation qui subsiste entre les disciples. Toute la Grèce les regarde comme la partie la plus essentielle de l'éducation, parce qu'ils rendent un homme agile, robuste, capable de supporter les travaux de la guerre et les loisirs de la paix. Mais si les avantages de cet art sont extrêmes, les abus ne le sont pas moins : ils épuisent le corps, et donnent à l'âme plus de férocité que de courage.

Après avoir assisté aux exercices des jeunes gens, nous prîmes le chemin qui conduit du Lycée à l'Académie, le long des murs de la ville. Nous voulions aller rendre visite à Isocrate. Nous le rencontrâmes en chemin. Ce vieillard vénérable est le seul des disciples de Socrate qui, après la mort de ce philosophe, ait osé paraître en habit de deuil dans les rues d'Athènes.

« Vous avez, lui dit Apollodore, une famille aimable, une bonne santé, une fortune aisée, des disciples sans nombre, un nom que vous avez rendu célèbre, et des vertus qui vous placent parmi les plus honnêtes citoyens de cette ville : avec tant d'avantages, vous devez être le plus heureux des Athéniens. — Hélas ! répondit le vieillard, je suis peut-être le plus malheureux des hommes. J'avais attaché mon bonheur à la considération ; mais comme, d'un côté, l'on ne peut être considéré dans une démocratie qu'en se mêlant des affaires publiques, et que, d'un autre côté, la nature ne m'a donné qu'une voix faible et une excessive timidité, il est arrivé que, très capable de discerner les vrais intérêts de l'Etat, incapable de les défendre dans l'assemblée générale, j'ai toujours été violemment tourmenté de l'ambition et de l'impossibilité d'être utile, ou, si vous voulez, d'obtenir du crédit. »

Apollodore, qui l'avait abordé, ne me le nomma que lorsqu'il fut parti.

Il se croit, ajouta-t-il, entouré d'ennemis et d'envieux, parce que des auteurs, qu'il méprise, jugent de ses écrits moins favorablement que lui. Son style est pur, coulant, plein de douceur et d'harmonie, quelquefois pompeux et magnifique, mais quelquefois aussi traînant, diffus et surchargé d'ornemens qui le déparent : la plupart de ses harangues roulent sur les articles les plus importans de la morale et de la politique. Il ne persuade ni n'entraîne, parce qu'il n'écrit point avec chaleur. Isocrate a vieilli, faisant, polissant, repolissant, refaisant un très petit nombre d'ouvrages. Son panégyrique d'Athènes lui coûta, dit-on, dix années de travail.

Nous traversions alors la place publique; Apollodore me conduisit ensuite par la rue des Hermès, et me fit entrer dans la palestre de Tauréas, située en face du portique royal.

Les palestres sont à peu près de la même forme que les gymnases. Nous parcourûmes les pièces destinées à toutes les espèces de bains; celles où les athlètes déposent leurs habits, où on les frotte d'huile pour donner de la souplesse à leurs membres, où ils se roulent sur le sable, pour que leurs adversaires ne puissent les saisir.

La lutte, le saut, la paume, tous les exercices du Lycée se retracèrent à nos yeux avec des formes plus variées.

Parmi les athlètes, il en est qui mènent une vie très frugale; mais ceux qui se soumettent à de laborieuses épreuves ont besoin, pour réparer leurs forces, d'une grande quantité d'alimens substantiels. On dit que Théagène de Thasos mangea, dans un jour, un bœuf tout entier. On attribue le même exploit à Milon de Crotone. On ajoute qu'Astydamas, de Milet, se trouvant à la table du satrape Ariobarzane, dévora tout seul le souper qu'on avait préparé pour neuf convives.

L'excès de nourriture fatigue tellement ces athlètes, qu'ils sont obligés de passer une partie de leur vie dans un sommeil profond : bientôt un embonpoint excessif défigure tous leurs traits ; il leur survient des maladies qui les rendent aussi malheureux qu'ils ont toujours été inutiles à leur patrie.

En sortant de la palestre, nous apprîmes que Télaïre, femme de Pyrrhus, parent et ami d'Apollodore, venait d'être attaquée d'un accident qui menaçait sa vie : on avait vu à sa porte des branches de laurier et d'acanthe que, suivant l'usage, on suspend à la maison d'un malade. Nous y courûmes aussitôt. Les parens empressés autour du lit adressaient des prières à Mercure, conducteur des âmes.

Quand elle eut rendu les derniers soupirs, toute la maison retentit de cris et de sanglots. Le corps fut lavé, parfumé d'essences, et revêtu d'une robe précieuse : on mit sur sa tête, couverte d'un voile, une couronne de fleurs; dans ses mains, un gâteau de farine et de miel, pour apaiser Cerbère, et dans sa bouche, une pièce d'argent d'une ou deux oboles, qu'il faut payer à Caron. En cet état, elle fut exposée tout un jour dans le vestibule, entourée de cierges allumés; à la porte était un vase de cette eau lustrale, destinée à purifier ceux qui ont touché un cadavre. Cette exposition est nécessaire pour s'assurer que la personne est véritablement morte, et qu'elle l'est de mort naturelle : elle dure quelquefois jusqu'au troisième jour.

Le convoi fut indiqué. Il fallait s'y rendre avant le lever du soleil. Les lois défendent de choisir une autre heure; elles n'ont pas voulu qu'une cérémonie si triste dégénérât en un spectacle d'ostentation. Les parens et les amis furent invités. Nous trouvâmes auprès du corps des femmes qui poussaient de longs gémissemens ; quelques unes coupaient des boucles de leurs cheveux, et les déposaient à côté de Télaïre, comme un gage de leur tendresse et de leur douleur. On la plaça sur un chariot, dans un cercueil de cyprès. Les hommes marchaient avant, les femmes après ; quelques uns la tête rasée, tous baissant les yeux, vêtus de noir, précédés d'un chœur de musiciens qui faisaient entendre des chants lugubres. On la déposa dans un lieu où étaient les tombeaux de ses pères.

L'usage d'inhumer les corps fut autrefois commun parmi les nations ; celui de les brûler prévalut dans la suite chez les Grecs : aujourd'hui, il paraît indifférent de rendre à la terre ou de livrer aux flammes les restes de nous-mêmes. Quand le corps de Télaïre eut été consumé, les plus proches parens en recueillirent les cendres, et l'urne qui les renfermait fut ensevelie dans la terre.

Pendant la cérémonie, on fit des libations de vin ; on jeta dans le feu quelques unes des robes de Télaïre ; on l'appelait à haute voix, et cet adieu éternel redoublait les larmes qui n'avaient cessé de couler de tous les yeux.

De là, nous fûmes appelés au repas funèbre, où la conversation ne roula que sur les vertus de Télaïre. Le neuvième et le trentième jour, ses parens, habillés de blanc et couronnés de fleurs, se réunirent encore pour rendre de nouveaux honneurs à ses mânes; et il fut réglé que, rassemblés tous les ans, le jour de sa naissance, ils s'occuperaient de sa perte comme si elle était encore récente.

J'admirais la sagesse des anciens législateurs, qui imprimèrent un caractère de sainteté à la sépulture et aux cérémonies qui l'accompagnent. Ils favorisèrent cette ancienne opinion, que l'âme, dépouillée du corps qui lui sert d'enveloppe, est arrêtée sur les rivages du Styx, tourmentée du désir de se rendre à sa destination, apparaissant en songe à ceux qui doivent s'intéresser à son sort, jusqu'à ce qu'ils aient soustrait ses dépouilles mortelles aux regards du soleil et aux injures de l'air.

De là cet empressement à lui procurer le repos qu'elle désire, l'injonction faite au voyageur de couvrir de terre un cadavre qu'il trouve sur son chemin, cette vénération profonde pour les tombeaux, et les lois sévères contre ceux qui les violent.

De là encore l'usage pratiqué à l'égard de ceux que les flots ont engloutis, ou qui meurent en pays étranger, sans qu'on ait pu retrouver leur corps. Leurs compagnons, avant de partir, les appellent trois fois à haute voix; et à la faveur des sacrifices et des libations, ils se flattent de ramener leurs mânes, auxquels on élève quelquefois des cénotaphes, espèce de monumens funèbres, presque aussi respectés que les tombeaux.

Les lois défendent d'élever aux premières magistratures le fils ingrat qui, à la mort des auteurs de ses jours, a négligé les devoirs de la nature et de la religion : elles ordonnent à ceux qui assistent aux convois, de respecter la décence jusque dans leur désespoir; qu'ils ne jettent point la terreur dans l'âme des spectateurs, par des cris perçans et des lamentations effrayantes; que les femmes surtout ne se déchirent pas le visage, comme elles faisaient autrefois. Qui croirait qu'on eût jamais dû leur prescrire de veiller à la conservation de leur beauté?

CHAPITRE III.

Voyage à Corinthe. Xénophon. Timoléon. Etat militaire des Athéniens. Séance au théâtre.

Timagène, instruit que Xénophon, son ancien général, était allé avec ses fils s'établir à Corinthe, brûlait de s'y rendre lui-même. Nous ne tardâmes point à nous y trouver, et nous vîmes Xénophon. Il paraissait âgé d'environ soixante-quinze ans : son visage conservait encore des restes de cette beauté qui l'avait distingué dans sa jeunesse. Né dans un bourg de l'Attique, Xénophon porta d'abord les armes pour sa patrie ; ensuite il entra comme volontaire dans l'armée qu'assemblait le jeune Cyrus, pour détrôner son frère Artaxerxès, roi de Perse. Après la mort de Cyrus, il fut chargé, conjointement avec quatre autres officiers, du commandement des troupes grecques ; et c'est alors qu'il fit cette belle retraite, aussi admirée dans son genre, que l'est dans le sien la relation qu'il nous en a donnée. A son retour, il passa au service d'Agésilas, roi de Lacédémone. Quelque temps après, les Athéniens le condamnèrent à l'exil, jaloux sans doute de la préférence qu'il accordait aux Lacédémoniens : mais ces derniers, pour le dédommager, lui donnèrent une habitation à Scillonte.

Pendant notre séjour à Corinthe, je me liai avec ses deux fils, Grillus et Diodore. Je contractai une liaison plus intime avec Timoléon, le second des fils de Timodème, chez qui nous étions logés.

Timoléon jouissait de l'estime publique et de la sienne, lorsque l'excès de sa vertu lui aliéna presque tous les esprits. Son frère, Timophanès, avait envahi l'autorité, et était devenu un tyran. Timoléon, après l'avoir sollicité de rendre la liberté à sa patrie, monte un jour chez lui, accompagné de deux de leurs amis, dont l'un était le beau-frère de Timophanès. Timophanès leur répond d'abord par une dérision amère, ensuite par des menaces et des fureurs. On était convenu qu'un refus positif de sa part serait le signal de sa perte : ses deux amis, fatigués de sa résistance, lui plongèrent un poignard dans le sein, pendant que Timoléon, la tête couverte d'un pan de son manteau, fondait en larmes dans un coin de l'appartement où il s'était retiré.

Parmi les Corinthiens, les uns regardaient le meurtre de Timophanès comme un acte héroïque ; les autres, comme un forfait : le plus grand nombre, en approuvant la mort du tyran, ajoutaient que tous les citoyens étaient en droit de lui arracher la vie, excepté son frère. Il survint une émeute : on intenta contre Timoléon une accusation qui n'eut pas de suite.

Il se jugea lui-même avec encore plus de rigueur. Il sortit de Corinthe, et pendant plusieurs années il erra dans des lieux solitaires, occupé de sa douleur, déplorant avec amertume les égaremens de sa vertu, quelquefois l'ingratitude des Corinthiens.

Deux jours après notre retour à Athènes, nous nous rendîmes dans une place où se faisait la levée des troupes qu'on se proposait d'envoyer au Péloponèse. Hégélochus, stratège, ou général, était assis sur un siége élevé ; auprès de lui, un taxiarque, officier-général, tenait le registre où sont inscrits les noms des citoyens en âge de porter les armes : il les appelait à haute voix, et prenait une note de ceux que le général avait choisis.

Les Athéniens sont tenus de servir depuis l'âge de dix-huit ans jusqu'à celui de soixante. Quelquefois le gouvernement fixe l'âge des nouvelles levées; quelquefois on tire au sort. La république était convenue de fournir à l'armée de ses alliés six mille hommes, tant de cavalerie que d'infanterie.

Le lendemain de leur enrôlement, ils se répandirent en tumulte dans les rues et les places publiques, revêtus de leurs armes. Leurs noms furent appliqués sur les statues de dix héros qui ont donné les leurs aux tribus d'Athènes, de manière qu'on lisait sur chaque statue les noms des soldats de chaque tribu.

Quelques jours après, on fit la revue des troupes : nous y trouvâmes tous les anciens généraux, et tous ceux de l'année courante. Ces derniers avaient été, suivant l'usage, choisis dans l'assemblée du peuple. Ils étaient au nombre de dix, un de chaque tribu. Je me souviens, à cette occasion, que Philippe de Macédoine disait un jour : « J'envie le bonheur » des Athéniens; ils trouvent tous les ans » dix hommes en état de commander » leurs armées, tandis que je n'ai jamais

» trouvé que Parménion pour conduire
» les miennes. »

Autrefois le commandement roulait entre les dix stratèges ; chaque jour l'armée changeait de général : aujourd'hui, toute l'autorité est, pour l'ordinaire, entre les mains d'un seul ; les autres restent à Athènes, et n'ont presque d'autres fonctions que de représenter dans les cérémonies publiques.

L'infanterie était composée de trois ordres de soldats : les oplites ou pesamment armés ; les armés à la légère et les peltasses, dont les armes étaient moins pesantes que celles des premiers, moins légères que celles des seconds.

Les oplites avaient pour armes défensives le casque, la cuirasse, le bouclier, des espèces de bottines qui couvraient la partie antérieure de la jambe ; pour armes offensives, la pique et l'épée.

Les armés à la légère étaient destinés à lancer des javelots ou des flèhes ; quelques uns, des pierres, soit avec la fronde, soit avec la main.

Les peltasses portaient un javelot et un petit bouclier, nommé *pelta*.

Je montrai à Apollodore un homme qui avait une couronne sur la tête et un caduçée dans sa main. J'en ai déjà vu passer plusieurs, lui dis-je. Ce sont des hérauts, me répondit-il. Leur personne est sacrée; ils dénoncent la guerre, proposent la trêve ou la paix, publient les ordres du général, prononcent les commandemens, convoquent l'armée, annoncent le moment du départ, celui où il faut marcher, pour combien de jours il faut prendre de vivres.

Il me fit remarquer ensuite des coureurs, jeunes gens dont la charge est de transmettre au loin les ordres du général, et des devins, qui examinent dans les entrailles des victimes si ces mêmes ordres sont conformes à la volonté des dieux.

Ainsi, repris-je, les opérations d'une campagne dépendent, chez les Grecs, de l'intérêt et de l'ignorance de ces prétendus interprètes du ciel. Trop souvent, me répondit-il : cependant, si la superstition les a établis parmi nous, il est peut-être de la politique de les maintenir. Le général ne pouvant toujours faire entendre la raison, n'a souvent d'autre ressource que de faire parler les dieux.

Je m'aperçus que chaque officier-général avait auprès de lui un officier subalterne qui ne le quittait point. C'est son écuyer, me dit Apollodore. Il est obligé de le suivre dans le fort de la mêlée, et, en certaines occasions, de garder son bouclier. Chaque oplite ou pesamment armé, a de même un valet qui remplit des fonctions analogues à celles de l'écuyer. Le déshonneur, parmi nous, est attaché à la perte du bouclier, et non à celle de l'épée et des autres armes offensives : c'est pour nous donner une grande leçon, pour nous apprendre que nous devons moins songer à verser le sang de l'ennemi qu'à l'empêcher de répandre le nôtre, et qu'ainsi la guerre doit être plutôt un état de défense que d'attaque.

Nous passâmes ensuite au Lycée, où se faisait la revue de la cavalerie, qui est commandée par deux généraux nommés *hipparques*, et par dix chefs particuliers appelés *phylarques*.

Ce corps n'est composé que de douze cents hommes. Ce n'est guère que depuis un siècle qu'on voit de la cavalerie dans les armées athéniennes : celle de la Thessalie est nombreuse, parce que le pays abonde en pâturages. Les autres cantons de la Grèce sont si secs, si stériles, qu'il est très difficile d'y élever des chevaux.

Aussi n'y a-t-il que les gens riches qui entrent dans la cavalerie.

Les cavaliers athéniens ont pour armes le casque, la cuirasse, le bouclier, l'épée, la lance ou le javelot. Un Athénien qui refuse de servir, ou qui se conduit mal à l'armée, est privé de ses droits de citoyen. Si le coupable est condamné à une amende, il est mis aux fers jusqu'à ce qu'il ait payé. La trahison est punie de mort. La désertion l'est de même, parce que déserter, c'est trahir l'Etat.

Les jours suivans furent destinés à exercer les troupes. Je me dispense de parler de toutes les manœuvres dont je fus témoin : je n'en donnerais qu'une description imparfaite, et inutile à ceux pour qui j'écris; voici seulement quelques observations générales.

Nous trouvâmes, près du mont Anchesmus, un corps de seize cents hommes d'infanterie pesamment armés, rangés sur seize de hauteur et sur cent de front; chaque soldat occupant un espace de quatre coudées (cinq pieds huit pouces). À ce corps était joint un certain nombre d'armés à la légère.

On avait placé les meilleurs soldats dans les premiers rangs et dans les derniers. Les chefs de files surtout, ainsi que les serre-files, étaient tous gens distingués par leur bravoure et par leur expérience. Un des officiers ordonnait les mouvemens. « Prenez les armes, s'écriait-il; valets, sortez de la phalange ! haut la pique, bas la pique ! serre-files, dressez les files, prenez vos distances ! à droite, à gauche ! la pique en dedans du bouclier ! marche ! halte ! doublez vos files ! remettez-vous ! Lacédémonienne évolution ! remettez-vous ! etc.

Pendant que ces mouvemens s'exécutaient, on infligeait des coups aux soldats indociles ou négligens. J'en fus d'autant plus surpris, que, chez les Athéniens, il est défendu de frapper, même un esclave. Je conclus de là que, parmi les nations policées, le déshonneur dépend quelquefois plus de certaines circonstances que de la nature des choses.

Ces manœuvres étaient à peine achevées, que nous vîmes au loin s'élever un nuage de poussière. Les postes avancés annoncèrent l'approche de l'ennemi. C'était un second corps d'infanterie qu'on venait d'exercer au Lycée, et qu'on avait résolu de mettre aux mains avec le premier, pour offrir l'image d'un combat. Aussitôt on crie aux armes; les soldats courent prendre leurs rangs, et les troupes légères sont placées en arrière. C'est de là qu'elles lancent sur l'ennemi, des flèches, des traits, des pierres, qui passent pardessus la phalange.

Cependant les ennemis venaient au pas redoublé, ayant la pique sur l'épaule droite. Leurs troupes légères s'approchent avec de grands cris, sont repoussées, mises en fuite, et remplacées par les oplites, qui s'arrêtent à la portée du trait. Dans ce moment, un silence profond règne dans les deux lignes. Bientôt la trompette donne le signal. Les soldats chantent, en l'honneur de Mars, l'hymne du combat. Ils baissent leurs piques; quelques uns en frappent leurs boucliers; tous courent alignés et en bon ordre. Le général, pour redoubler leur ardeur, pousse le cri du combat. Ils répètent mille fois, d'après lui, *eleleu! eleleu!* L'action parut très vive; les ennemis furent dispersés, et nous entendîmes, dans notre petite armée, retentir de tous côtés ce mot *alalé!* c'est le cri de victoire.

Nos troupes légères poursuivirent l'ennemi, et amenèrent plusieurs prisonniers. Les soldats victorieux dressèrent un trophée ; et s'étant rangés en bataille à la tête d'un camp voisin, ils posèrent leurs armes à terre, mais tellement en ordre, qu'en les reprenant ils se trouvaient tout formés. Ils se retirèrent ensuite dans le camp, où, après avoir pris un léger repas, ils passèrent la nuit, couchés sur des lits de feuillages.

On ne négligea aucune des précautions que l'on prend en temps de guerre. Point de feu dans le camp ; mais on en plaçait en avant, pour éclairer les entreprises de l'ennemi. On posa les gardes du soir ; on les releva dans les différentes veilles de la nuit. Un officier fit, plusieurs fois, la ronde, tenant une sonnette dans sa main. Au son de cet instrument, la sentinelle déclarait l'ordre ou le mot dont on était convenu. Ce mot est un signe qu'on change souvent, et qui distingue ceux d'un même parti. Les officiers et les soldats le reçoivent avant le combat, pour se rallier dans la mêlée ; avant la nuit, pour se reconnaître dans l'obscurité. C'est au général à le donner ; et la plus grande distinction qu'il puisse accorder à quelqu'un, c'est de lui céder son droit. On emploie assez souvent ces formules : *Jupiter sauveur* et *Hercule conducteur* ; *Jupiter sauveur* et *la victoire; Minerve-Pallas; le soleil* et *la lune; épée* et *poignard.*

L'armée se disposant à partir, plusieurs familles étaient consternées. Pendant que les mères et les épouses se livraient à leurs craintes, des ambassadeurs, récemment arrivés de Lacédémone, nous entretenaient du courage que les femmes spartiates avaient fait paraître en cette occasion, où il était question de repousser un ennemi commun (les Thébains). Un jeune soldat disait à sa mère, en lui montrant son épée : « Elle est bien courte ! » — Eh bien, répondit-elle, vous ferez un pas de plus. » Une autre Lacédémonienne, en donnant le bouclier à son fils, lui dit : « Revenez avec cela, ou sur cela. »

Les troupes assistèrent aux fêtes de Bacchus, dont le dernier jour amenait une cérémonie que les circonstances rendirent très intéressante. Elle eut pour témoins le sénat, l'armée, un nombre infini de citoyens de tous états, d'étrangers de tous pays. Après la dernière tragédie, nous vîmes paraître sur le théâtre un héraut, suivi de plusieurs jeunes orphelins couverts d'armes étincelantes. Il s'avança pour les présenter à cette auguste assemblée, et, d'une voix ferme et sonore, il prononça lentement ces mots : « Voici des jeunes gens dont les pères sont morts à la guerre, après avoir combattu avec courage. Le peuple, qui les avait adoptés, les a fait élever jusqu'à l'âge de vingt ans. Il leur donne aujourd'hui une armure complète; il les renvoie chez eux, et leur assigne les premières places dans nos spectacles. » Tous les cœurs furent émus. Les troupes versèrent des larmes d'attendrissement, et partirent le lendemain.

Voici quel avait été le spectacle. Le théâtre s'est ouvert à la pointe du jour. Rien de si imposant que le premier coup d'œil : d'un côté, la scène ornée de magnifiques décorations; de l'autre, un vaste amphithéâtre couvert de gradins, qui s'élèvent, les uns au-dessus des autres, jusqu'à une très grande hauteur. Le public abordait en foule. Les magistrats, les ministres des autels, et les officiers-généraux de l'armée, prirent les places distinguées qui leur étaient réservées. Les femmes se placèrent dans un endroit qui les tenait éloignées des hommes. L'orchestre était vide : on le destinait aux combats de poésie, de musique et de danse, qu'on donne après la représentation des pièces.

Le nombre des spectateurs, m'a-t-on dit, peut se monter à trente mille. La solennité de ces fêtes en attire de toutes les parties de la Grèce : c'est un plaisir d'autant plus vif pour eux, qu'ils le goûtent rarement. Le concours des pièces dramatiques n'a lieu que dans deux autres fêtes; mais les auteurs réservent tous leurs efforts pour celle-ci.

Quand le moment de commencer fut arrivé, un héraut s'écria : « Que l'on fasse avancer le chœur de Sophocle! » Le théâtre représentait le vestibule du palais de Créon, roi de Thèbes. Antigone et Ismène, filles d'OEdipe, ont ouvert la scène, couvertes d'un masque : leur déclamation m'a paru naturelle; mais leur voix m'a surpris. Comment nommez-vous ces actrices ? ai-je dit. Théodore et Aristodème, m'a-t-on répondu; car ici les femmes ne montent pas sur le théâtre.

Un moment après, un chœur de quinze vieillards thébains est entré, marchant à pas mesurés sur trois de front et cinq de hauteur. Il a célébré, dans des chants mélodieux, la victoire que les Thébains venaient de remporter sur Polynice, frère d'Antigone.

L'action s'est insensiblement développée. Tout ce que je voyais, tout ce que j'entendais, m'était si nouveau, qu'à chaque instant mon intérêt croissait avec ma surprise. Entraîné par les prestiges qui m'entouraient, je me suis trouvé au milieu de Thèbes. J'ai vu Antigone rendre les devoirs funèbres à Polynice, malgré la sévère défense de Créon. J'ai vu le tyran, sourd aux prières du vertueux Hémon, son fils, qu'elle était sur le point d'épouser, la faire traîner avec violence dans une grotte obscure qui paraissait au fond du théâtre, et qui devait lui servir de tombeau. Bientôt effrayé des menaces du ciel, il s'est avancé vers la caverne, d'où sortaient des hurlemens effroyables. C'étaient ceux de son fils. Il serrait entre ses bras la malheureuse Antigone, dont un nœud fatal avait terminé les jours. La présence de Créon irrite sa fureur; il tire l'épée contre son père; il s'en perce lui-même, et va tomber aux pieds de son amante, qu'il tient embrassée jusqu'à ce qu'il expire.

La tragédie de Sophocle a été suivie de quelques autres que je n'ai pas eu la force d'écouter. Je n'avais plus de larmes à répandre, ni d'attention à donner.

CHAPITRE IV.

Bataille de Mantinée. Mort d'Epaminondas. Voyage de la Phocide. Jeux pythiques. Oracle de Delphes. Mort d'Agésilas. Avénement de Philippe au trône de Macédoine.

Cependant la Grèce touchait au moment d'une révolution. Epaminondas était à la tête d'une armée; sa victoire ou sa défaite allait enfin décider si c'était aux Thébains ou aux Lacédémoniens de donner des lois aux autres peuples.

La bataille décisive se livra sous les murs de Mantinée : Epaminondas remporta la victoire; mais il fut, en même temps, atteint d'un javelot dont le fer lui resta dans la poitrine. L'honneur de l'enlever engagea une action aussi vive, aussi sanglante que la première; ses compagnons ayant redoublé leurs efforts, eurent la triste consolation de l'emporter dans sa tente.

La blessure d'Epaminondas arrêta le carnage et suspendit la fureur des soldats;

Mort d'Epaminondas.

de part et d'autre on sonna la retraite, et l'on dressa un trophée sur le champ de bataille.

Epaminondas respirait encore ; ses amis, ses officiers fondaient en larmes autour de son lit : les médecins avaient déclaré qu'il expirerait dès qu'on ôterait le fer de la plaie. Il craignit que son bouclier ne fût tombé entre les mains de l'ennemi ; on le lui montra, et il le baisa comme l'instrument de sa gloire. Il parut inquiet sur le sort de la bataille ; on lui dit que les Thébains l'avaient gagnée. « Voilà qui est bien, répondit-il ; j'ai as-
» sez vécu. » Il demanda ensuite Daïphantus et Iollidas, deux généraux qu'il jugeait dignes de le remplacer : on lui dit qu'ils étaient morts. « Persuadez donc aux Thé-
» bains, répondit-il, de faire la paix. » Alors il ordonna d'arracher le fer ; et l'un de ses amis s'étant écrié, dans l'égarement de sa douleur : « Vous mourez,
» Epaminondas ! si du moins vous lais-
» siez des enfans ! — Je laisse, répon-
» dit-il en expirant, deux filles immor-
» telles : la victoire de Leuctres et celle
» de Mantinée. »

Sa mort avait été précédée par celle de Timagène, qui avait disparu huit jours avant la bataille, pour aller joindre Epaminondas qui le vit tomber à ses côtés.

La bataille de Mantinée augmenta, dans la suite, les troubles de la Grèce; mais dans le premier moment elle termina la guerre.

Je passerai quelquefois d'un sujet à un autre, sans en avertir; mais il sera facile de me suivre; et ce désordre s'excuse naturellement sur les tablettes adressées par un voyageur à ses amis.

Nous partîmes d'Athènes vers la fin du mois élaphébolion, dans la troisième année de la 104e. olympiade (au commencement d'avril 361 avant J.-C.); nous allâmes à l'isthme de Corinthe, et nous étant embarqués à Pagæ, nous entrâmes dans le golfe de Crissa, le jour même où l'on commençait à célébrer les jeux pythiques : nous abordâmes à Cirrha, petite ville au pied du mont Cirphis. Entre ce mont et le Parnasse s'étend une vallée où se font les courses des chevaux et des chars : le Plistus y coule à travers de riantes prairies.

La ville de Delphes se présentait en amphithéâtre sur le penchant de la montagne. Nous distinguions déjà le temple d'Apollon, et cette prodigieuse quantité de statues, qui sont semées sur différens plans, à travers les édifices qui embellissent la ville. L'or dont la plupart sont couvertes, frappé des rayons naissans du soleil, brillait d'un éclat qui se répandait au loin. En même temps on voyait s'avancer lentement, dans la plaine et sur les collines, des processions composées de jeunes garçons et de jeunes filles, qui semblaient se disputer le prix de la magnificence et de la beauté. Du haut des montagnes, des rivages de la mer, un peuple immense s'empressait d'arriver à Delphes.

Le Parnasse est une chaîne de montagnes qui, dans sa partie méridionale, se termine en deux pointes, au-dessous desquelles on trouve la ville de Delphes, qui n'a que seize stades de circuit (quinze cent douze toises); elle n'est point défendue par des murailles, mais par des précipices qui l'environnent de trois côtés. On l'a mise sous la protection d'Apollon, et l'on associe à son culte celui de Latone, Diane et Minerve la Prévoyante. On appelle ces divinités les assistantes de son trône. Nous vîmes dans le temple de Minerve un bouclier d'or, envoyé par

Crésus, roi de Lydie; au dehors, une grande statue de bronze, consacrée par les Marseillais des Gaules, en mémoire des avantages qu'ils avaient remportés sur les Carthaginois.

Après avoir passé près du gymnase, nous nous trouvâmes sur les bords de la fontaine Castalie, dont les eaux saintes servent à purifier et les ministres des autels et ceux qui viennent consulter l'oracle.

De là nous montâmes au temple d'Apollon, qui est situé dans la partie supérieure de la ville. Il est entouré d'une enceinte vaste, et rempli d'offrandes précieuses faites à la Divinité.

Les peuples et les rois qui reçoivent des réponses favorables, ou qui se voient exaucés dans leurs vœux, se croient obligés d'élever dans ces lieux des monumens de reconnaissance. Les particuliers couronnés dans les jeux publics de la Grèce, ceux qui sont utiles à leur patrie par des services, ou qui l'illustrent par leurs talens, obtiennent dans cette même enceinte des monumens de gloire. L'art de la sculpture brille avec plus d'éclat à Delphes que dans tous les autres cantons de la Grèce.

Un Delphien, nommé Cléon, voulut nous servir de guide. Nous vîmes d'abord un taureau de bronze, ouvrage de Théoprope d'Egyne, et envoyé par les Corcyriens; les neuf statues qui furent présentées par les Tégéates, après qu'ils eurent vaincu les Lacédémoniens; d'autres statues données par les Lacédémoniens, après que Lysander eut battu près d'Ephèse la flotte d'Athènes.

Quelque temps après, Lysander, ayant remporté une seconde victoire navale auprès d'Ægos-Potamos, les Lacédémoniens envoyèrent aussitôt à Delphes les statues des principaux officiers de leur armée et celles des chefs des troupes alliées. Elles sont au nombre de vingt-huit.

Ce cheval de bronze, nous dit Cléon, est un présent des Argiens : les treize statues qui l'entourent sont toutes de la main de Phidias, et proviennent de la dixième partie des dépouilles enlevées par les Athéniens aux Perses, dans les champs de Marathon.

Les nations qui font de pareilles offrandes ajoutent souvent aux images de leurs généraux celles des rois et des particuliers qui, dès les temps les plus anciens, ont éternisé leur gloire.

Ce portique où sont attachés tant d'éperons, de navires et de boucliers d'airain, continue notre guide, fut construit par les Athéniens. Voici la roche sur laquelle une ancienne sibylle, nommée Hérophile, prononçait ses oracles. Les vainqueurs de Salamine ont consacré cette statue de douze coudées (dix-sept pieds), qui tient un ornement de navire, et que vous voyez auprès de la statue dorée d'Alexandre, roi de Macédoine.

Parmi ce grand nombre de monumens, on a construit plusieurs petits édifices, où les peuples et les particuliers ont porté des sommes considérables, soit pour les offrir au dieu, soit pour les mettre en dépôt.

Le trésor des Sicyoniens nous offrit, entre autres singularités, un livre en or, qu'avait présenté une femme nommée Aristomaque, qui avait remporté le prix de poésie aux jeux isthmiques. Nous vîmes, dans celui des habitans d'Acanthe, des obélisques de fer, présentés par la courtisane Rhodope.

Le trésor des Corinthiens est le plus riche de tous. On y conserve la principale partie des offrandes que différens princes ont faites au temple d'Apollon.

On peut apprécier toutes ces richesses par le fait suivant. Quelque temps après notre voyage à Delphes, les Phocéens s'emparèrent du temple, et les matières d'or et d'argent qu'ils firent fondre, furent estimées plus de dix mille talens.

Une Minerve, et les fruits d'un palmier, de bronze, présentés par les Athéniens, étaient autrefois dorés ; mais vers le temps de l'expédition des Athéniens en Sicile, nous dit Cléon, des corbeaux présagèrent leur défaite, en arrachant les fruits de l'arbre, et en perçant le bouclier de la déesse.

Comme nous parûmes douter de ce fait, Cléon ajouta, pour le confirmer : Cette colonne, placée auprès de la statue d'Hiéron, roi de Syracuse, ne fut-elle pas renversée le jour même de la mort de ce prince ? Les yeux de la statue de ce Spartiate ne se détachèrent-ils pas quelques jours avant qu'il pérît dans le combat de Leuctres ? Vers le même temps, ne disparurent-elles pas, ces deux étoiles d'or que Lysander avait consacrées ici en l'honneur de Castor et de Pollux ?

Prenez-garde, ajouta notre guide, aux pièces de marbre qui couvrent le terrain sur lequel vous marchez. C'est ici le point milieu de la terre, le point également éloigné des lieux où le soleil se lève, et de ceux où il se couche. On prétend que, pour le connaître, Jupiter fit partir, de ces deux extrémités du monde, deux aigles, qui se rencontrèrent précisément en cet endroit.

Parmi les offrandes des rois de Lydie, j'ai oublié de parler d'un grand cratère d'argent, qu'Alyatte avait envoyé, et dont la base excite encore l'admiration des Grecs, peut-être parce qu'elle prouve la nouveauté des arts dans la Grèce. Elle est de fer, en forme de tour, plus large par en bas que par en haut; elle est travaillée à jour, et l'on y voit plusieurs petits animaux se jouer à travers les feuillages dont elle est ornée. Ses différentes pièces ne sont point unies par des clous; c'est un des premiers ouvrages où l'on ait employé la soudure : on l'attribue à Glaucus de Chio, qui vivait il y a près de deux siècles, et qui, le premier, trouva le secret de souder le fer.

De l'enceinte sacrée, nous entrâmes dans le temple qui fut construit, il y a cent cinquante ans, par ordre des amphictyons, à la place d'un autre qui avait été consumé par les flammes. L'architecte

Spintharus, de Corinthe, s'engagea de le terminer pour la somme de trois cents talens. L'édifice est bâti d'une très belle pierre, mais le frontispice est de marbre de Paros. Deux sculpteurs d'Athènes ont représenté, sur le fronton, Diane, Latone, Apollon, les Muses, Bacchus, etc. Les chapiteaux des colonnes sont chargés de plusieurs espèces d'armes dorées, et surtout de boucliers qu'offrirent les Athéniens en mémoire de la bataille de Marathon.

Le vestibule est orné de peintures historiques. On y voit aussi des autels, un buste d'Homère, des vases d'eau lustrale, et d'autres qui servent aux libations. Sur le mur on lit plusieurs sentences, qui semblent dire : *Connais-toi toi-même : Rien de trop : L'infortune te suit de près.*

Un mot de deux lettres, placé au-dessus de la porte, donne lieu à différentes explications; mais les plus habiles interprètes y découvrent un sens profond. Il signifie, en effet, VOUS ÊTES. C'est l'aveu de notre néant, et un hommage digne de la Divinité à qui seule l'existence appartient.

Je ne m'arrêterai point à décrire les richesses de l'intérieur du temple; on en peut juger par celles du dehors. On y expose au respect des peuples le siége sur lequel Pindare chantait des hymnes qu'il avait composés pour Apollon.

Dans le sanctuaire, sont une statue d'Apollon, en or, et cet ancien oracle, dont les réponses ont fait si souvent le destin des empires. On en dut la découverte au hasard. Des chèvres, qui erraient parmi les rochers du mont Parnasse, s'étant approchées d'un soupirail d'où sortaient des exhalaisons malignes, furent, dit-on, tout à coup agitées de mouvemens extraordinaires et convulsifs. Le berger et les habitans des lieux voisins, accourus à ce prodige, respirent la même vapeur, éprouvent les mêmes effets, et prononcent, dans leur délire, des paroles sans liaison et sans suite. Aussitôt on prend ces paroles pour des prédictions, et la vapeur de l'antre, pour un souffle divin qui dévoile l'avenir.

Plusieurs ministres sont employés dans le temple. Le premier qui s'offre aux yeux des étrangers est un jeune homme, souvent élevé à l'ombre des autels, toujours obligé de vivre dans la plus exacte continence, et chargé de veiller à la propreté et à la décoration des lieux saints. Dès que le jour paraît, il va, suivi de ceux qui travaillent sous ses ordres, cueillir, dans un petit bois sacré, des branches de laurier pour en former des couronnes qu'il attache aux portes, sur les murs, autour des autels et du trépied sur lequel la Pythie prononce ses oracles : il puise, dans la fontaine Castalie, de l'eau pour en remplir les vases qui sont dans le vestibule, et pour faire des aspersions dans l'intérieur du temple ; ensuite il prend son arc et son carquois, pour écarter les oiseaux qui viennent se poser sur le toit de cet édifice, ou sur les statues qui sont dans l'enceinte sacrée.

Les prophètes se tiennent près de la Pythie. Ils recueillent et interprètent ses réponses, et quelquefois les confient à d'autres ministres, qui les mettent en vers.

Ceux qu'on nomme les saints, partagent les fonctions des prophètes : ils sont au nombre de cinq. Ce sacerdoce est perpétuel dans leur famille, qui prétend tirer son origine de Deucalion. Des femmes d'un certain âge sont chargées de ne laisser jamais éteindre le feu sacré, qu'elles sont obligées d'entretenir avec du bois de sapin. Quantité de sacrificateurs, d'augures, d'aruspices, et d'officiers subalternes, augmentent la majesté du culte.

8*

Pendant qu'on nous instruisait de ces détails, nous vîmes arriver, au pied de la montagne, et dans le chemin qu'on appelle *la Voie sacrée*, des chariots remplis d'hommes, de femmes et d'enfans, qui, ayant mis pied à terre, formèrent leurs rangs, et s'avancèrent vers le temple en chantant des cantiques. Ils venaient du Péloponèse, offrir au dieu les hommages des peuples qui l'habitent. La *Théorie*, ou procession des Athéniens, les suivait de près, et elle était elle-même suivie des députations de plusieurs autres villes, parmi lesquelles on distinguait celle de l'île de Chio, composée de cent jeunes garçons.

Nous fûmes entraînés au théâtre où se donnaient les combats de poésie et de musique. Les amphictyons y présidaient. Le sujet du prix est un hymne pour Apollon, que l'auteur chante lui-même, en s'accompagnant de la cithare. La beauté de la voix, et l'art de la soutenir par des accords harmonieux, influent tellement sur les opinions des juges et des assistans, que, pour n'avoir pas possédé ces deux avantages, Hésiode fut autrefois exclu du concours.

Le sujet qu'on a coutume de proposer

aux joueurs de flûte, est le combat d'Apollon contre le serpent Python.

Les courses à pied se firent dans le stade. On proposa une couronne pour ceux qui parcourraient le plus tôt cette carrière ; une autre pour ceux qui la fourniraient deux fois ; une troisième pour ceux qui la parcourraient jusqu'à douze fois sans s'arrêter. A ces différens exercices nous vîmes succéder la course des enfans, celle des hommes armés, la lutte, le pugilat, et plusieurs autres combats, dont nous ne ferons point ici le détail.

Autrefois, on présentait aux vainqueurs une somme d'argent. Quand on a voulu les honorer davantage, on ne leur a donné qu'une couronne de laurier.

La Pythie ne monte sur le trépied qu'une fois par mois. C'était le lendemain qu'elle devait s'y asseoir. Nous résolûmes de l'interroger à notre tour, par un simple motif de curiosité, et sans la moindre confiance dans ses décisions.

Nous donnâmes nos questions par écrit, et nous attendîmes que la voix du sort eût décidé du moment que nous pourrions approcher de la Pythie. A peine en fûmes-nous instruits, que nous la vîmes traverser le temple, accompagnée des prophètes, des poëtes et des saints. Triste, abattue, elle semblait se traîner comme une victime qu'on mène à l'autel. Elle mâchait du laurier; elle en jeta, en passant, sur le feu sacré, quelques feuilles mêlées avec de la farine d'orge; elle en avait couronné sa tête, et son front était ceint d'un bandeau.

Il n'y avait autrefois qu'une Pythie à Delphes; on en a établi trois qui servent à tour de rôle. Il fut décidé qu'elles seraient âgées de plus de cinquante ans, après qu'un Thessalien eut enlevé une de ces prêtresses. On les choisit parmi les habitans de Delphes, et dans la condition la plus obscure. Elles doivent s'habiller simplement, ne jamais se parfumer d'essences, et passer leur vie dans l'exercice des pratiques religieuses.

Quantité d'étrangers se disposaient à consulter l'oracle. Le temple était entouré de victimes qui tombaient sous le couteau sacré, et dont les cris se mêlaient au chant des hymnes.

Un des prêtres se chargea de nous préparer. Après que l'eau sainte nous eut purifiés, nous offrîmes un taureau et une chèvre. Pour que ce sacrifice fût agréable aux dieux, il fallait que le taureau mangeât, sans hésiter, la farine qu'on lui présentait; il fallait qu'après avoir jeté de l'eau froide sur la chèvre, on vît frissonner ses membres pendant quelques instans. Le succès ayant justifié la pureté de nos intentions, nous rentrâmes dans le temple, la tête couronnée de lauriers, et tenant dans nos mains un rameau entouré d'une bandelette de laine blanche. C'est avec ce symbole que les supplians approchent des autels.

On nous introduisit dans une chapelle où, dans des momens qui ne sont, à ce qu'on prétend, ni prévus, ni réglés par les prêtres, on respire tout à coup une odeur extrêmement douce. Un prêtre nous mena dans le sanctuaire, espèce de caverne profonde, dont les parois sont ornées de diverses offrandes. Nous eûmes d'abord de la peine à discerner les objets; l'encens et les autres parfums qu'on y brûlait, le remplissaient d'une fumée épaisse. Vers le milieu est un soupirail d'où sort l'exhalaison prophétique. On ne peut pas le voir, parce qu'il est couvert d'un trépied tellement entouré de couronnes et de rameaux de laurier, que la vapeur ne saurait se répandre au dehors.

La Pythie, excédée de fatigue, refusait de répondre à nos questions. Les ministres, dont elle était environnée, employaient tour à tour les menaces et la violence. Cédant enfin à leurs efforts, elle se plaça sur le trépied, après avoir bu d'une eau qui coule dans le sanctuaire, et qui sert, dit-on, à dévoiler l'avenir.

Les plus fortes couleurs suffiraient à peine pour peindre les transports dont elle fut saisie un moment après. Nous vîmes sa poitrine s'enfler; et son visage rougir et pâlir : tous ses membres s'agitaient de mouvemens involontaires ; mais elle ne faisait entendre que des cris plaintifs et de longs gémissemens. Bientôt, les yeux étincelans, la bouche écumante, les cheveux hérissés, ne pouvant ni résister à la vapeur qui l'opprimait, ni s'élancer du trépied où les prêtres la retenaient, elle déchira son bandeau; et au milieu des hurlemens les plus affreux, elle prononça quelques paroles, que les prêtres s'empressèrent de recueillir. Ils les mirent tout de suite en ordre, et nous les donnèrent par écrit. J'avais demandé si j'aurais le malheur de survivre à mon ami. Philotas, sans se concerter avec moi, avait fait la même question. La réponse était obscure et équivoque : nous la mîmes en pièces en sortant du temple.

Nous étions alors remplis d'indignation et de pitié ; nous nous reprochions avec amertume l'état funeste où nous avions réduit cette malheureuse prêtresse. Elle exerce des fonctions odieuses qui ont déjà coûté la vie à plusieurs de ses semblables. Ce qui révolte encore, c'est qu'un vil intérêt endurcit les âmes des ministres. Sans les fureurs de la Pythie, elle serait moins consultée, et les libéralités des peuples seraient moins abondantes ; car il en coûte pour obtenir la réponse du dieu.

Comme il revient à ces ministres une portion des victimes, soit qu'ils les rejettent, soit qu'ils les admettent, la moindre irrégularité qu'ils y découvrent leur suffit pour les exclure ; et l'on a vu des aruspices mercenaires fouiller dans les entrailles d'un animal, en enlever des parties intégrantes, et faire recommencer le sacrifice.

Cependant ce tribut est infiniment moins dangereux que l'influence des oracles sur les affaires publiques de la Grèce et du reste de l'univers. Un mot dicté par des prêtres corrompus, et prononcé par une fille imbécile, suffit pour susciter des guerres sanglantes et porter la désolation dans tout un royaume.

Le lendemain, nous descendîmes dans la plaine, pour voir les courses des chevaux et des chars. L'hippodrome, c'est le nom qu'on donne à l'espace qu'il faut parcourir, est si vaste, qu'on y voit quelquefois jusqu'à quarante chars se disputer la victoire. Nous en vîmes partir dix à la fois de la barrière ; il n'en revint qu'un très petit nombre, les autres s'étant brisés contre la borne ou dans le milieu de la carrière.

Les courses étant achevées, nous remontâmes à Delphes, pour être témoins des honneurs funèbres que la Théorie des Enianes devait rendre aux mânes de Néoptolème, qui périt ici aux pieds des autels par la main d'Oreste. Ce peuple, qui met Achille au nombre de ses anciens rois, et qui honore spécialement la mémoire de ce héros et de son fils Néoptolème, habite auprès du mont Œta, dans la Thessalie. Il envoie, tous les quatre ans, une députation à Delphes, non-seulement pour offrir des sacrifices aux divinités de ces lieux, mais encore pour faire des libations et des prières sur le tombeau de Néoptolème. Il s'était acquitté, la veille, du premier de ces devoirs; il allait s'acquitter du second.

Polyphron, jeune et riche Thessalien, était à la tête de la Théorie. Comme il prétendait tirer son origine d'Achille, il voulut paraître avec un éclat qui répondît à d'aussi hautes prétentions. La marche s'ouvrait par une hécatombe, composée effectivement de cent bœufs, dont les uns avaient les cornes dorées, et dont les autres étaient ornés de couronnes et de guirlandes de fleurs. Ils étaient conduits par autant de Thessaliens vêtus de blanc, et tenant des haches sur leurs épaules. D'autres victimes suivaient, et l'on avait placé par intervalles des musiciens qui jouaient de divers instrumens. On voyait paraître ensuite des Thessaliennes, dont les attraits attiraient tous les regards. Elles marchaient d'un pas réglé, chantant des hymnes en l'honneur de Thétis, mère d'Achille, et portant dans leurs mains, ou sur leurs têtes, des corbeilles remplies de fleurs, de fruits et d'aromates précieux. Elles étaient suivies de cinquante jeunes Thessaliens montés sur des chevaux superbes, qui blanchissaient leurs mors d'écume. Polyphron se distinguait autant par la noblesse de sa figure, que par la richesse de ses habits.

Quand ils furent devant le temple de Diane, on en vit sortir la prêtresse, qui parut avec les traits et les attributs de la déesse, ayant un carquois sur l'épaule, et dans ses mains un arc et un flambeau allumé. Elle monta sur un char et ferma la marche, qui continua dans le même ordre jusqu'au tombeau de Néoptolème, placé dans une enceinte à la gauche du temple.

Les cavaliers thessaliens en firent trois fois le tour : les jeunes Thessaliennes poussèrent de longs gémissemens, et les autres députés, des cris de douleur. Un moment après, on donna le signal, et toutes les victimes tombèrent autour de l'autel. On en coupa les extrémités, que l'on plaça sur un grand bûcher. Les prêtres, après avoir récité des prières, firent des libations sur le bûcher, et Polyphron y mit le feu avec le flambeau qu'il avait reçu des mains de la prêtresse de Diane ; ensuite on donna aux ministres du temple les droits qu'ils avaient sur les victimes, et l'on réserva le reste pour un repas où furent invités les prêtres, les principaux habitans de Delphes, et les Théores ou députés des autres villes de la Grèce. Nous y fûmes admis ; mais avant que de nous y rendre, nous allâmes au Lesché, que nous avions sous nos yeux.

C'est un édifice ou portique ainsi nommé, parce qu'on s'y assemble pour converser ou pour traiter d'affaires. Nous y trouvâmes plusieurs tableaux qu'on venait d'exposer à un concours établi depuis environ un siècle ; mais ces ouvrages nous touchèrent moins que les peintures qui décorent les murs. Elles sont de la main de Polygnote de Thasos, et furent consacrées en ce lieu par les Cnidiens.

Sur le mur à droite, Polygnote a représenté la prise de Troie, ou plutôt les suites de cette prise ; car il a choisi le moment où presque tous les Grecs, rassasiés de carnage, se disposent à retourner dans leur patrie. Néoptolème est le seul dont la fureur ne soit pas assouvie, et qui poursuive encore quelques faibles Troyens. Cette figure attire surtout les regards du spectateur ; et c'était sans doute l'intention de l'artiste, qui travaillait pour un lieu voisin du tombeau de ce prince.

Sur le mur opposé, Polygnote a peint

la descente d'Ulysse aux enfers. La barque de Caron, l'évocation de l'ombre de Tirésias, l'Elysée peuplé de héros, le Tartare rempli de scélérats : tels sont les principaux objets qui frappent le spectateur. On peut y remarquer un genre de supplice terrible et nouveau, que Polygnote destine aux enfans dénaturés : il met un de ces enfans sur la scène, et il le fait étrangler par son père. J'observai encore qu'aux tourmens de Tantale, il en ajoutait un qui tient ce malheureux prince dans un effroi continuel : c'est un rocher énorme, toujours prêt à tomber sur sa tête ; mais cette idée, il l'avait prise du poëte Archiloque.

Ces deux tableaux, dont le premier contient plus de cent figures, et le second plus de quatre-vingts, produisent un grand effet, et donnent une haute idée de l'esprit et des talens de Polygnote. Les principales figures sont reconnaissables à leurs noms tracés auprès d'elles, usage qui ne subsiste plus depuis que l'art s'est perfectionné.

Pendant que nous admirions ces ouvrages, on vint nous avertir que Polyphron nous attendait dans la salle du festin. Nous le trouvâmes au milieu d'une grande tente carrée, couverte et fermée de trois côtés par des tapisseries peintes, que l'on conserve dans les trésors du temple, et que Polyphron avait empruntées.

Le repas fut très somptueux et très long. On fit venir des joueurs de flûte. Le chœur des Thessaliennes fit entendre des concerts ravissans, et les Thessaliens nous présentèrent l'image des combats dans des danses savamment exécutées.

Quelques jours après, nous montâmes à la source de la fontaine Castalie, dont les eaux pures, et d'une fraîcheur délicieuse, forment de belles cascades sur la pente de la montagne. Elle sort à gros bouillons entre les deux cimes de rochers qui dominent sur la ville de Delphes.

De là, continuant notre chemin vers le nord, après avoir fait plus de soixante stades, nous arrivâmes à l'antre Corycius, autrement dit *l'antre des Nymphes*, parce qu'il leur est consacré, ainsi qu'aux dieux Bacchus et Pan.

L'eau qui découle de toutes parts y forme de petits ruisseaux intarissables : quoique profond, la lumière du jour l'éclaire presque en entier. Il est si vaste, que, lors de l'expédition de Xerxès, la plupart des habitans de Delphes prirent le parti de s'y réfugier.

Poursuivant notre route, nous entrevîmes auprès de Panopée, ville située sur les confins de la Phocide et de la Béotie, des chariots remplis de femmes qui mettaient pied à terre et dansaient en rond. Nos guides les reconnurent pour les Thyiades athéniennes : ce sont des femmes initiées aux mystères de Bacchus ; elles viennent tous les ans se joindre à celles de Delphes, pour monter ensemble sur les hauteurs du Parnasse, et y célébrer avec une égale fureur les orgies de ce dieu.

Les excès auxquels elles se livrent ne surprendront point ceux qui savent combien il est aisé d'exalter l'imagination vive et ardente des femmes grecques. On en a vu plus d'une fois un grand nombre se répandre, comme des torrens, dans les villes et dans des provinces entières, toutes échevelées et à demi-nues, toutes poussant des hurlemens effroyables : quelques unes d'entre elles, comme saisies tout à coup d'un esprit de vertige, se croyaient poussées par une inspiration divine, et faisaient passer ces frénétiques transports à leurs compagnes. Ces épidémies sont moins fréquentes depuis le progrès des lumières ; mais il en reste encore des traces dans les fêtes de Bacchus.

Nous arrivâmes au pied du mont Lycorée, le plus haut de tous ceux du Parnasse ; c'est là, dit-on, que se sauvèrent les habitans de ces contrées, pour échapper au déluge arrivé du temps de Deucalion.

Au nord et à l'est du Parnasse, on trouve de belles plaines arrosées par le Céphise. Ceux des environs disent qu'en certains jours, et surtout l'après-midi, ce fleuve sort de terre avec fureur, et faisant un bruit semblable aux mugissemens d'un taureau.

Les autres cantons de la Phocide sont distingués par des productions particulières. On estime les huiles de Tithorée et l'ellébore d'Antycire, ville située sur la mer de Corinthe : non loin de là, les pêcheurs de Bulis ramassent ces coquillages qui servent à faire la pourpre. Plus haut, nous vîmes dans la vallée d'Ambrissus de riches vignobles, et quantité d'arbrisseaux, sur lesquels on recueille ces petits grains qui donnent à la laine une belle couleur rouge.

Chaque ville de la Phocide est indépendante, et a le droit d'envoyer ses députés à une diète générale, où se discutent les intérêts de la nation.

Les habitans ont un grand nombre de fêtes, de temples et de statues. Les travaux de la campagne et les soins domestiques font leur principale occupation. Ils donnèrent dans tous les temps des preuves frappantes de leur valeur; dans une occasion particulière, un témoignage effrayant de leur amour pour la liberté.

Près de succomber sous les armes des Thessaliens, ils construisirent un grand bûcher, auprès duquel ils placèrent les femmes, les enfans, l'or, l'argent et les meubles les plus précieux; ils en confièrent la garde à trente de leurs guerriers, avec ordre, en cas de défaite, d'égorger les femmes et les enfans, de jeter dans les flammes les effets confiés à leur soins, de s'entre-tuer eux-mêmes, ou de venir sur le champ de bataille, périr avec le reste de la nation. Le combat fut long, le massacre horrible; les Thessaliens prirent la fuite, et les Phocéens restèrent libres.

Pendant que nous étions aux jeux pythiques, nous entendîmes plus d'une fois parler de la dernière expédition d'Agésilas. A notre retour, nous appprîmes sa mort.

Tachos, roi d'Egypte, prêt à faire une irruption en Perse, assembla une armée de quatre-vingt mille hommes, et voulut la soutenir par un corps de dix mille Grecs, parmi lesquels se trouvèrent mille Lacédémoniens, commandés par Agésilas. On fut étonné de voir ce prince, à l'âge de plus de quatre-vingts ans, se transporter au loin, pour se mettre à la solde d'une puissance étrangère; mais son âme active ne pouvait supporter l'idée d'une vie paisible et d'une mort obscure.

Les Egyptiens l'attendaient avec impatience. Au bruit de son arrivée, les principaux de la nation, mêlés avec la multitude, s'empressent de se rendre auprès d'un héros qui, depuis un si grand nombre d'années, remplissait la terre de son nom : ils trouvent sur le rivage un petit vieillard d'une figure ignoble, assis par terre au milieu de quelques Spartiates, dont l'extérieur, aussi négligé que le sien, ne distinguait pas les sujets du souverain. Les officiers de Tachos étalent à ses yeux les présens de l'hospitalité : c'étaient diverses espèces de provisions. Agésilas choisit quelques alimens grossiers, et fait distribuer aux esclaves les mets les plus délicats, ainsi que les parfums. Un rire immodéré s'élève aussitôt parmi les spectateurs.

Des dégoûts plus sensibles mirent bientôt sa patience à une plus rude épreuve. Le roi d'Egypte refusa de lui confier le commandement de ses troupes. Il n'écoutait point ses conseils, et lui faisait essuyer tout ce qu'une hauteur insolente et une folle vanité ont de plus offensant.

Agésilas attendait l'occasion de sortir de l'avilissement où il s'était réduit : elle ne tarda pas à se présenter. Les troupes de Tachos, s'étant révoltées, formèrent deux partis, qui prétendaient tous deux lui donner un successeur. Agésilas se déclara pour Nectanèbe, l'un des prétendans au trône. Il le dirigea dans ses opérations ; et après avoir affermi son autorité, il sortit de l'Egypte, comblé d'honneurs, et avec une somme de deux cent trente talens, que Nectanèbe envoya aux Lacédémoniens. Une tempête violente l'obligea de relâcher sur une côte déserte de la Libye, où il mourut âgé de quatre-vingt-quatre ans.

Deux ans après, il se passa un événement qui devait changer la face de la Grèce et du monde connu.

Les Macédoniens n'avaient eu jusqu'alors que de faibles rapports avec la Grèce, qui ne les distinguait pas des peuples barbares. Leurs souverains n'avaient été admis aux jeux olympiques qu'en produisant les titres qui faisaient remonter leur origine jusqu'à Hercule.

Le dernier de ces princes, Perdiccas, fils d'Amyntas, venait de périr avec la plus grande partie de son armée, dans un combat qu'il avait livré aux Illyriens. A cette nouvelle, Philippe, son frère, que j'avais vu en otage chez les Thébains, trompa la vigilance de ses gardes, se rendit en Macédoine, et fut nommé tuteur du fils de Perdiccas.

Deux concurrens, également redoutables, tous deux de la maison royale, aspiraient à la couronne : les Thraces soutenaient les droits de Pausanias; les Athéniens envoyaient une armée avec une flotte, pour défendre ceux d'Argée. Le peuple, consterné, voyait les finances épuisées, un petit nombre de soldats abattus et indisciplinés, le sceptre entre les mains d'un enfant, et à côté du trône un régent à peine âgé de vingt-deux ans.

Philippe, consultant encore plus ses forces que celles du royaume, entreprend de faire de sa nation ce qu'Epaminondas, son modèle, avait fait de la sienne. Bientôt on le voit introduire la règle dans les diverses parties de l'administration; donner à la phalange macédonienne une forme nouvelle. Il triomphe de tous les obstacles. Il engage, par des présens et des promesses, une partie des ennemis à se retirer, le roi de Thrace à lui sacrifier Pausanias. Il marche ensuite contre Argée, le défait, et renvoie sans rançon les prisonniers athéniens; manière adroite de les amener à signer un traité de paix.

Au milieu de ces succès, des oracles semés parmi le peuple annonçaient que la Macédoine reprendrait sa splendeur sous un fils d'Amyntas. Le ciel promettait un grand homme à la Macédoine; le génie de Philippe le montrait. La nation, persuadée que, de l'aveu même des dieux, celui-là seul devait gouverner qui pouvait la défendre, lui remit l'autorité souveraine, dont elle dépouilla le fils de Perdiccas.

Encouragé par ce choix, il réunit une partie de la Péonie à la Macédoine, battit les Illyriens, et les renferma dans leurs anciennes limites.

Quelque temps après, il s'empara

d'Amphipolis, que les Athéniens avaien[t] dans l'intervalle, vainement tâché d[e] reprendre, et de quelques villes voisine[s] où ils avaient des garnisons. Athènes occupée d'une autre guerre, ne pouvai[t] ni prévenir, ni venger des hostilités qu[e] Philippe savait colorer de prétextes spé[-]cieux.

Mais rien n'augmenta plus sa puissanc[e] que la découverte de quelques mines d'o[r] qu'il fit exploiter, et dont il retira, pa[r] an, plus de mille talens. Il s'en serv[it] dans la suite pour corrompre ceux q[ui] étaient à la tête des républiques.

J'ai dit que les Athéniens furent obli[-]gés de fermer les yeux sur les première[s] hostilités de Philippe. La ville de By[-]zance, et les îles de Chio, de Cos et [de] Rhodes, venaient de se liguer, pour [se] soustraire à leur dépendance. La guer[re] commença par le siége de Chio. Chabri[as] commandait la flotte, et Charès les trou[-]pes de terre. Le premier jouissait d'u[ne] réputation acquise par de nombreux e[x-]ploits : on lui reprochait seuleme[nt] d'exécuter avec trop de chaleur d[es] projets formés avec trop peu de circon[s-]pection.

Charès, fier des petits succès et d[e]

légères blessures qu'il devait au hasard, d'ailleurs sans talens, sans pudeur, d'une vanité insupportable, étalait un luxe révoltant pendant la paix et pendant la guerre ; dépourvu de toute délicatesse, il poussait l'audace jusqu'à détourner la solde des troupes, pour corrompre les orateurs, et donner des fêtes au peuple, qui le préférait aux autres généraux.

A la vue de Chio, Chabrias, incapable de modérer son ardeur, fit force de rames : il entra seul dans le port, et fut aussitôt investi par la flotte ennemie. Il pouvait se sauver à la nage, comme le firent beaucoup de ses soldats; mais il aima mieux périr que d'abandonner son vaisseau.

Le siége de Chio fut entrepris et levé. La guerre dura pendant quatre ans.

CHAPITRE V.

De la Religion; des Ministres sacrés.

IL ne s'agit ici que de la religion dominante.

Le culte public est fondé sur cette loi :

« Honorez en public et en particulier les dieux et les héros du pays. Que chacun leur offre, tous les ans, suivant ses facultés, et suivant les rites établis, les prémices de ses moissons. »

Dès les plus anciens temps, les objets du culte s'étaient multipliés parmi les Athéniens : les douze principales divinités leur furent communiquées par les Egyptiens, et d'autres par les Libyens et par différens peuples. On défendit ensuite, sous peine de mort, d'admettre des cultes étrangers sans un décret de l'aréopage. Depuis un siècle, ce tribunal étant devenu plus facile, les dieux de la Thrace, de la Phrygie et de quelques autres nations barbares, ont fait une irruption dans l'Attique, et s'y sont maintenus avec éclat, malgré les plaisanteries dont le théâtre retentit contre ces étranges divinités.

Ce fut anciennement une belle institution, de consacrer par des monumens et par des fêtes le souvenir des rois et des particuliers qui avaient rendu de grands services à l'humanité. Telle est l'origine de la profonde vénération que l'on conserve pour les héros. Les Athéniens mettent dans ce nombre Thésée, premier auteur de leur liberté; Erechthée, un de leurs anciens rois; ceux qui méritèrent de donner leurs noms aux dix tribus; d'autres encore, parmi lesquels il faut distinguer Hercule, qu'on range indifféremment dans la classe des dieux et dans celle des héros.

Le culte de ces derniers diffère essentiellement de celui des dieux, tant par l'objet qu'on s'y propose, que par les cérémonies qu'on y pratique. Les Grecs se prosternent devant la Divinité pour reconnaître leur dépendance, implorer sa protection, ou la remercier de ses bienfaits : ils consacrent des temples, des autels, des bois, et célèbrent des fêtes et des jeux en l'honneur des héros, pour éterniser leur gloire et rappeler leurs exemples. On brûle de l'encens sur leurs autels, en même temps qu'on répand sur leurs tombeaux des libations destinées à procurer du repos à leurs âmes; aussi les sacrifices dont on les honore ne sont, à proprement parler, adressés qu'aux dieux des enfers.

On enseigne des dogmes secrets dans les mystères d'Eleusis, de Bacchus et de quelques autres divinités; mais la religion dominante consiste toute dans l'extérieur : elle ne présente aucun corps de doctrine, aucune instruction publique, point d'obligation étroite de participer, à des jours marqués, au culte établi.

Il suffit, pour la croyance, de paraître persuadé que les dieux existent, et qu'ils récompensent la vertu, soit dans cette vie, soit dans l'autre; pour la pratique, de faire, par intervalles, quelques actes de religion, comme, par exemple, de paraître dans les temples aux fêtes solennelles, et de présenter ses hommages sur les autels publics.

Quelques uns prononcent leurs prières à voix basse. Pythagore voulait qu'on les récitât tout haut, afin de ne rien demander dont on eût à rougir.

J'étais souvent frappé de la beauté des cérémonies; le spectacle en est imposant. La place qui précède le temple, les portiques qui l'entourent, sont remplis de monde. Les prêtres s'avancent sous le vestibule près de l'autel. Après que l'officiant a dit d'une voix sonore : « Faisons les libations et prions, » un des ministres subalternes, pour exiger de la part des assistans l'aveu de leurs dispositions saintes, demande : « Qui sont ceux qui composent cette assemblée ? » — « Des gens honnêtes, » répondent-ils de concert.

— « Faites donc silence, » ajoute-t-il. Alors on récite les prières assorties à la circonstance. Bientôt des chœurs de jeunes gens chantent des hymnes sacrés. Leurs voix sont si touchantes, et tellement secondées par le talent du poëte, attentif à choisir des sujets propres à émouvoir, que la plupart des assistans fondent en larmes. Mais, pour l'ordinaire, les chants religieux sont brillans, et plus capables d'inspirer la joie que la tristesse. C'est l'impression que l'on reçoit aux fêtes de Bacchus, lorsqu'un des ministres ayant dit à haute voix : « Invoquez le dieu, » tout le monde entonne soudain un cantique qui commence par ces mots : « O fils de Sémélé ! ô Bacchus, auteur des richesses ! »

Les particuliers fatiguent le ciel par des vœux indiscrets. Ils le pressent de leur accorder tout ce qui peut servir à leur ambition et à leurs plaisirs. Ces prières sont regardées comme des blasphèmes par quelques philosophes, qui, persuadés que les hommes ne sont pas assez éclairés sur leurs vrais intérêts, voudraient qu'ils s'en rapportassent uniquement à la bonté des dieux, ou du moins qu'ils ne leur adressassent que cette espèce de formule consignée dans les écrits d'un ancien poëte : « O vous qui êtes le roi du ciel ! accordez-nous ce qui est utile, soit que nous le demandions, soit que nous ne le demandions pas; refusez-nous ce qui nous serait nuisible, quand même nous le demanderions. »

Le respect qu'on avait pour les traditions anciennes est attesté par une cérémonie qui se renouvelle tous les ans. Dans une fête consacrée à Jupiter, on place des offrandes sur un autel, auprès duquel on fait passer des bœufs ; celui qui touche à ces offrandes doit être immolé. De jeunes filles portent de l'eau dans des vases, et les ministres du dieu, les instrumens du sacrifice. A peine le coup est-il frappé, que le victimaire, saisi d'horreur, laisse tomber sa hache, et prend la fuite. Cependant ses complices goûtent de la victime, en cousent la peau, la remplissent de foin, attachent à la charrue cette figure informe, et vont se justifier devant les juges, qui les ont cités à leur tribunal. Les jeunes filles qui ont fourni l'eau pour aiguiser les instrumens, rejettent la faute sur ceux qui les ont aiguisés en effet; ces derniers, sur ceux qui ont égorgé la victime, et ceux-ci, sur les instrumens, qui sont condamnés comme auteurs du meurtre, et jetés dans la mer.

Cette cérémonie mystérieuse rappelle un fait qui se passa du temps d'Erechthée. Un laboureur ayant placé son offrande sur l'autel, assomma un bœuf qui en avait dévoré une partie; il prit la fuite, et la hache fut traduite en justice.

Quand les hommes se nourrissaient des fruits de la terre, ils avaient soin d'en réserver une portion pour les dieux : ils observèrent le même usage quand ils commencèrent à se nourrir de la chair des animaux.

La connaissance d'une foule de pratiques et de détails constitue le savoir des prêtres. Tantôt on répand de l'eau sur l'autel ou sur la tête de la victime, tantôt c'est du miel ou de l'huile; plus communément on les arrose avec du vin, et alors on brûle sur l'autel du bois de figuier, de myrte ou de vigne. Le choix de la victime n'exige pas moins d'attention; elle doit être sans tache, n'avoir aucun défaut, aucune maladie. Mais tous les animaux ne sont pas également propres aux sacrifices; chaque pays, chaque temple a ses usages; la haine et la faveur des dieux sont également nuisibles aux animaux qui leur sont consacrés.

D'après une ancienne coutume, dont on ne saurait rendre raison, on pose sur la tête de la victime un gâteau pétri avec de la farine d'orge et du sel; on lui arrache le poil du front, et on le jette dans le feu; on brûle ses cuisses avec du bois fendu.

On partage la victime entre les dieux, les prêtres et ceux qui l'ont présentée : la portion des dieux est dévorée par la flamme; celle des prêtres fait partie de leur revenu, et la troisième sert de prétexte à ceux qui la reçoivent, de donner un repas à leurs amis.

Quelques uns, voulant se parer de leur opulence, cherchent à se distinguer par des sacrifices pompeux : j'en ai vu qui, après avoir immolé un bœuf, ornaient de fleurs et de rubans la partie antérieure de sa tête, et l'attachaient à leur porte. Comme le sacrifice du bœuf est le plus estimé, on fait pour les pauvres de petits gâteaux auxquels on donne la figure de cet animal, et les prêtres veulent bien se contenter de cette offrande.

Les sacrifices humains étaient autrefois assez fréquens parmi les Grecs, comme chez presque tous les peuples; ils cessèrent enfin, parce que les cruautés absurdes et inutiles cèdent tôt ou tard à la raison. L'oracle préfère souvent le pauvre au riche : voici un fait qui le prouve.

Un riche Thessalien, se trouvant à Delphes, offrit avec le plus grand appareil cent bœufs dont les cornes étaient dorées. En même temps un pauvre citoyen d'Hermione tira de sa besace une pincée de farine, qu'il jeta dans la flamme qui brillait sur l'autel. La Pythie déclara que l'hommage de cet homme était plus agréable aux dieux que celui du Thessalien.

Comme l'eau purifie le corps, on a pensé qu'elle purifiait aussi l'âme. Il y a donc deux sortes de *lustrations* : les unes expiatoires, les autres préparatoires.

On a soin de purifier les enfans d'abord après leur naissance; ceux qui entrent dans les temples; ceux qui ont commis un meurtre, même involontaire; ceux qui sont affligés de certains maux regardés comme des signes de la colère céleste, tels que la peste, la frénésie, etc.; tous ceux enfin qui veulent se rendre agréables aux dieux.

Cette cérémonie s'est insensiblement appliquée aux temples, aux autels, aux villes, aux rues, aux maisons, aux champs. On purifie tous les ans la ville d'Athènes.

Toutes les fois que le courroux des dieux se déclare par la famine, par une épidémie ou d'autres fléaux, on tâche de le détourner sur un homme et sur une femme du peuple, entretenus par l'Etat pour être, au besoin, des victimes expiatoires, chacun au nom de son sexe. On les promène dans les rues au son des instrumens; et après leur avoir donné quelques coups de verge, on les fait sortir de la ville. Autrefois on les condamnait aux flammes, et on jetait leurs cendres au vent.

L'eau lustrale est une eau commune dans laquelle on a plongé un tison ardent, pris sur l'autel lorsqu'on y brûlait la victime : on en remplit les vases qui sont dans les vestibules des temples, dans le lieu où se tient l'assemblée générale, autour des cercueils où l'on expose les morts à la vue des passans.

Chaque particulier peut offrir des sacrifices sur un autel placé à la porte de sa maison, ou dans une chapelle domestique. Il n'est point de ville où l'on trouve autant de prêtres et de prêtresses qu'à

Athènes, parce qu'il n'en est point où l'on ait élevé une si grande quantité de temples, où l'on célèbre un si grand nombre de fêtes. Dans le reste de l'Attique et de la Grèce, un seul prêtre suffit pour desservir un temple. Dans les villes considérables, les prêtres forment comme une communauté.

A la tête est le ministre du dieu, qualifié quelquefois du titre de grand-prêtre; au-dessous de lui sont le Néocore, chargé de veiller à la décoration et à la propreté des lieux saints, et de jeter de l'eau lustrale sur ceux qui entrent dans le temple; des sacrificateurs qui égorgent les victimes, des aruspices qui en examinent les entrailles, des hérauts qui règlent les cérémonies et congédient l'assemblée.

En certains endroits, on donne le nom de *père* au premier des ministres sacrés, et celui de *mère* à la première des prêtresses. On confie à des laïques des fonctions moins saintes et relatives au service des temples.

Les prêtres officient avec de riches vêtemens, sur lesquels sont tracés, en lettres d'or, les noms des particuliers qui en ont fait présent au temple; ils se décorent aussi des attributs de la divinité dont ils sont les ministres : c'est ainsi que la prêtresse de Cérès paraît couronnée de pavots et d'épis; et celle de Minerve, avec l'égide, la cuirasse et un casque surmonté d'aigrettes.

Plusieurs sacerdoces sont attachés à des maisons anciennes et puissantes; d'autres sont conférés par le peuple. Il faut que le nouveau ministre n'ait aucune difformité dans la figure, et que sa conduite ait toujours été irréprochable. Quelques temples sont desservis par des prêtresses : tel est celui de Bacchus, aux Marais.

A l'entretien des prêtres et des temples sont assignées différentes branches de revenus. On prélève d'abord sur les confiscations et sur les amendes le dixième pour Minerve, et un cinquantième pour les autres divinités. On consacre aux dieux le dixième des dépouilles enlevées à l'ennemi. Les différens tenanciers du district payent chacun une mesure d'orge. Enfin, il est peu de temples qui ne possèdent des maisons et des portions de terrains.

Les prêtres maintiennent le droit d'asile accordé non-seulement aux temples, mais encore aux bois sacrés qui les entourent, et aux maisons ou chapelles qui se trouvent dans leur enceinte : on ne peut en arracher le coupable, ni même l'empêcher de recevoir sa subsistance.

Les prêtres de la Grèce ont obtenu des honneurs, tels que des places distinguées aux spectacles : plusieurs d'entre eux ont rempli les charges onéreuses de la république, et l'ont servie, soit dans les armées, soit dans les ambassades.

Les neuf archontes, ou magistrats suprêmes, veillent au maintien du culte public, et sont toujours à la tête des cérémonies religieuses.

A la suite des prêtres on doit placer ces devins dont l'Etat honore la profession, et qu'il entretient dans le Prytanée. Ils ont la prétention de lire l'avenir dans le vol des oiseaux et dans les entrailles des victimes; ils suivent les armées, et c'est de leurs décisions, achetées quelquefois à un prix excessif, que dépendent souvent les révolutions des gouvernemens et les opérations d'une campagne : ceux de l'Elide sont les plus renommés.

Les devins étendent leur ministère encore plus loin : ils dirigent les conscienées ; on les consulte pour savoir si certaines actions sont conformes ou non à la justice divine.

Des femmes de la lie du peuple font le métier de devineresses : elles vont dans les maisons des pauvres distribuer une espèce d'initiation ; elles répandent de l'eau sur l'initié, le frottent avec de la boue et du son, le couvrent d'une peau d'animal, et accompagnent ces cérémonies de formules qu'elles lisent dans le rituel, et de cris perçans qui en imposent à la multitude.

J'ai dit plus haut que de nouveaux dieux s'étaient introduits parmi les Athéniens : je dois ajouter que, dans le même intervalle de temps, l'incrédulité a fait les mêmes progrès.

Le culte public étant prescrit par une des lois fondamentales, on ne peut l'attaquer sans ébranler la constitution de l'Etat.

L'accusation d'impiété est d'autant plus redoutable pour l'innocence, qu'elle a servi plus d'une fois d'instrument à la haine, et qu'elle enflamme aisément la fureur d'un peuple dont le zèle est plus cruel encore que celui des magistrats et des prêtres.

Il est arrivé qu'en déclarant ses complices, l'accusé a sauvé ses jours; mais on ne l'a pas moins rendu incapable de participer aux sacrifices, aux fêtes, aux spectacles, aux droits des autres citoyens. A cette note d'infamie se joignent quelquefois des cérémonies effrayantes : ce sont des imprécations que les prêtres des différens temples prononcent solennellement, et par ordre des magistrats. Ils se tournent vers l'occident, et secouant leurs robes de pourpre, ils dévouent aux dieux infernaux le coupable et sa postérité : on est persuadé que les furies s'emparent alors de son cœur, et que leur rage n'est assouvie que lorsque sa race est éteinte.

Lors de l'expédition de Sicile, au moment qu'Alcibiade faisait embarquer les troupes qu'il devait commander, les statues de Mercure, placées en différens quartiers d'Athènes, se trouvèrent mutilées en une nuit. Le peuple s'assembla : des témoins chargèrent Alcibiade d'avoir défiguré les statues, et, de plus, célébré avec les compagnons de ses débauches les mystères de Cérès, dans des maisons particulières. Cependant, comme les soldats prenaient hautement le parti de leur général, on suspendit le jugement; mais à peine fut-il arrivé en Sicile, que ses ennemis reprirent l'accusation. Les délateurs se multiplièrent, et les prisons se remplirent d'accusés : plusieurs furent mis à mort.

Il arriva, dans le cours des procédures, un incident qui montre jusqu'à quel excès le peuple porte son aveuglement. Un des témoins, interrogé comment il avait pu reconnaître pendant la nuit les personnes qu'il dénonçait, répondit : « Au clair de la lune. » On prouva que la lune ne paraissait pas alors. Les gens de bien furent consternés; mais la fureur du peuple n'en devint que plus ardente.

Alcibiade, cité devant cet indigne tribunal, refusa de comparaître, et fut condamné à perdre la vie : on vendit ses biens, on grava sur une colonne le décret qui le proscrivait et le rendait infâme. Les prêtres de tous les temples eurent ordre de prononcer contre lui des imprécations terribles : tous obéirent, à l'exception de la prêtresse Théano : « Je suis établie, dit-elle, pour attirer sur les hommes les bénédictions, et non les malédictions du ciel. »

Alcibiade ayant offert ses services aux ennemis de sa patrie, la mit à deux doigts de sa perte. Quand elle se vit forcée de le rappeler, les prêtres de Cérès s'opposèrent à son retour ; mais ils furent contraints de l'absoudre des imprécations dont ils l'avaient chargé. On remarqua l'adresse avec laquelle s'exprima le premier des ministres sacrés : « Je n'ai pas maudit Alcibiade, s'il était innocent. »

Quelque temps après, arriva le jugement de Socrate, dont la religion ne fut que le prétexte.

Les Athéniens ne sont pas plus indulgens pour le sacrilége. Croirait-on qu'on a vu des citoyens condamnés à périr, les uns pour avoir arraché un arbrisseau dans un bois sacré, les autres pour avoir tué je ne sais quel oiseau consacré à Esculape ? Je rapporterai un trait plus effrayant encore. Une feuille d'or était tombée de la couronne de Diane. Un enfant la ramassa. Il était si jeune, qu'il fallut mettre son discernement à l'épreuve. On lui présenta de nouveau la feuille d'or, avec des dés, des hochets, et une grosse pièce d'argent. L'enfant s'étant jeté sur cette pièce, les juges déclarèrent qu'il avait assez de raison pour être coupable, et le firent mourir.

CHAPITRE VI.

Démélés entre Denys le jeune, roi de Syracuse, et Dion, son beau-frère. Voyage de Platon en Sicile.

Depuis que j'étais en Grèce, j'en avais parcouru les principales villes ; j'avais été témoin des grandes solennités qui rassemblent ses différentes nations. Peu contens de ces courses particulières, nous résolûmes, Philotas et moi, de visiter avec plus d'attention toutes ses provinces, en commençant par celles du nord.

La veille de notre départ, nous soupâmes chez Platon : je m'y rendis avec Apollodore et Philotas. Nous y trouvâmes Speusippe son neveu, plusieurs de ses anciens disciples, et Timothée, si célèbre par ses victoires. On nous dit que Platon était enfermé avec Dion de Syracuse, qui arrivait du Péloponèse, et qui, forcé d'abandonner sa patrie, avait, six à sept ans auparavant, fait un assez long séjour à Athènes. Ils vinrent nous joindre un moment après. Platon me parut d'abord inquiet et soucieux ; mais il reprit bientôt son air serein, et fit servir.

La décence et la propreté régnaient à sa table. Timothée, qui dans les camps n'entendait parler que d'évolutions, de siéges, de batailles ; dans les sociétés d'Athènes, que de marine et d'impositions, sentait vivement le prix d'une conversation soutenue sans efforts, et instructive sans ennui. Il s'écriait quelquefois en soupirant : « Ah ! Platon, que vous êtes heureux ! » Ce dernier s'étant excusé de la frugalité du repas, Timothée lui répondit : « Je sais que les soupers de l'Académie procurent un doux sommeil, et un réveil plus doux encore. »

Quelques uns des convives se retirèrent de bonne heure. Dion les suivit de près. Nous avions été frappés de son maintien et de ses discours. « Il est à présent la victime de la tyrannie, nous dit Platon ; il le sera peut-être un jour de la liberté. »

Timothée le pressa de s'expliquer. « Rempli d'estime pour Dion, disait-il, j'ai toujours ignoré les vraies causes de son exil, et je n'ai qu'une idée confuse des troubles qui agitent la cour de Syracuse. — Je ne les ai vues que de trop près ces agitations, répondit Platon. Auparavant j'étais indigné des fureurs et des injustices que le peuple exerce quelquefois dans nos assemblées : combien plus effrayantes et plus dangereuses sont les intrigues qui, sous un calme apparent, fermentent sans cesse autour du trône; dans ces régions élevées où dire la vérité est un crime, la faire goûter au prince un crime plus grand encore; où la faveur justifie le scélérat, et la disgrâce rend coupable l'homme vertueux! Nous aurions pu ramener le roi de Syracuse; on l'a indignement perverti. Ce n'est pas le sort de Dion que je déplore, c'est celui de la Sicile entière. » Ces paroles redoublèrent notre curiosité; et Platon, cédant à nos prières, commença de cette manière.

« Il y a trente-deux ans environ que des raisons trop longues à déduire me conduisirent en Sicile. Denys l'ancien régnait à Syracuse. Vous savez que ce prince, redoutable par ses talens extraordinaires, s'occupa, tant qu'il vécut, à donner des fers aux nations voisines et à la sienne. Sa cruauté semblait suivre les progrès de sa puissance, qui parvint enfin au plus haut degré d'élévation. Il voulut me connaître ; et, comme il me fit des avances, il s'attendait à des flatteries, mais il n'obtint que des vérités. Je ne vous parlerai ni de sa fureur que je bravai, ni de sa vengeance dont j'eus de la peine à me garantir. Je m'étais promis de taire ses injustices pendant sa vie, et sa mémoire n'a pas besoin de nouveaux outrages pour être en exécration à tous les peuples.

» Je fis alors, pour la philosophie, une conquête dont elle doit s'honorer : c'est Dion, qui vient de sortir. Aristomaque, sa sœur, fut une des deux femmes que Denys épousa le même jour ; Hipparinus, son père, avait été long-temps à la tête de la république de Syracuse. C'est aux entretiens que j'eus avec le jeune Dion, que cette ville devra sa liberté, si elle est jamais assez heureuse pour la recouvrer. Son âme, supérieure aux autres, s'ouvrit aux premiers rayons de la lumière ; et s'enflammant tout à coup d'un violent amour pour la vertu, elle renonça, sans hésiter, à toutes les passions qui l'avaient auparavant dégradée. Dion se soumit à de si grands sacrifices avec une chaleur que je n'ai jamais remarquée dans aucun autre jeune homme, avec une constance qui ne s'est jamais démentie.

» Dès ce moment, il frémit de l'esclavage auquel sa patrie était réduite; mais, comme il se flattait toujours que ses exemples et ses principes feraient impression sur le tyran, qui ne pouvait s'empêcher de l'aimer et de l'employer, il continua de vivre auprès de lui, ne cessant de lui parler avec franchise, et de mépriser la haine d'une cour dissolue. Denys mourut enfin, rempli d'effroi, tourmenté de ses défiances, aussi malheureux que les peuples l'avaient été sous un règne de trente-huit ans.

» Entre autres enfans, il laissa de Doris, l'une de ses deux épouses, un fils qui portait le même nom que lui, et qui monta sur le trône. Dion saisit l'occasion de travailler au bonheur de la Sicile. Il disait au jeune prince : Votre père fondait sa puissance sur les flottes redoutables dont vous disposez, sur les dix mille barbares qui composent votre garde ; c'étaient, suivant lui, des chaînes de diamans avec lesquelles il avait garrotté toutes les parties de l'empire. Il se trompait : je ne connais d'autres liens, pour les unir d'une manière indissoluble, que la justice du prince et l'amour des peuples. Quelle honte pour vous, disait-il encore, si, réduit à ne vous distinguer que par la magnificence qui éclate sur votre personne et dans votre palais, le moindre de vos sujets pouvait se mettre au-dessus de vous par la supériorité de ses lumières et de ses sentimens !

» Peu content d'instruire le roi, Dion veillait sur l'administration de l'état; il opérait le bien, et augmentait le nombre de ses ennemis. Ils se consumèrent pendant quelque temps en efforts superflus; mais ils ne tardèrent pas à plonger Denys dans la débauche la plus honteuse. Dion, hors d'état de leur résister, attendit un moment plus favorable. Le roi, qu'il trouva le moyen de prévenir en ma faveur, et dont les désirs sont toujours impétueux, m'écrivit plusieurs lettres extrêmement pressantes : il me conjurait de tout abandonner et de me rendre au plus tôt à Syracuse. Dion ajoutait, dans les siennes, que je n'avais pas un instant à perdre; qu'il était encore temps de placer la philosophie sur le trône; que Denys montrait de meilleures dispositions, et que ses parens se joindraient à nous pour l'y confirmer.

» Je réfléchis mûrement sur ces lettres. Je ne pouvais pas me fier aux promesses d'un jeune homme qui dans un instant passait d'une extrémité à l'autre : mais ne devais-je pas me rassurer sur la sagesse consommée de Dion ? Fallait-il abandonner mon ami dans une circonstance si critique ? N'avais-je consacré mes jours à la philosophie, que pour la trahir lorsqu'elle m'appelait à sa défense ? Je dirai plus : j'eus quelque espoir de réaliser mes idées sur le meilleur des gouvernemens, et d'établir le règne de la justice dans les domaines du roi de Sicile. Tels furent les vrais motifs qui m'engagèrent à partir, motifs bien différens de ceux que m'ont prêtés des censeurs injustes.

» Je trouvai la cour de Denys pleine de dissensions et de troubles. Dion était en butte à des calomnies atroces. » A ces mots, Speusippe interrompit Platon : « Mon oncle, dit-il, n'ose pas vous raconter les honneurs qu'on lui rendit, et les succès qu'il eut à son arrivée. Le roi le reçut à la descente du vaisseau ; et l'ayant fait monter sur un char magnifique, attelé de quatre chevaux blancs, il le conduisit en triomphe au milieu d'un peuple immense qui couvrait le rivage ;

il ordonna que les portes du palais lui fussent ouvertes à toute heure, et offrit un sacrifice pompeux, en reconnaissance du bienfait que les dieux accordaient à la Sicile. On vit bientôt les courtisans courir au-devant de la réforme, proscrire le luxe de leurs tables, étudier avec empressement les figures de géométrie, que divers instituteurs traçaient sur le sable répandu dans les salles même du palais.

» Les peuples, étonnés de cette subite révolution, concevaient des espérances : le roi se montrait plus sensible à leurs plaintes. On se rappelait qu'il avait obtenu le titre de citoyen d'Athènes, la ville la plus libre de la Grèce. On disait encore que, dans une cérémonie religieuse, le héraut ayant, d'après la formule usitée, adressé des vœux au ciel pour la conservation du tyran, Denys, offensé d'un titre qui jusqu'alors ne l'avait point blessé, s'écria soudain : Ne cesseras-tu pas de me maudire ?

» Ces mots firent trembler les partisans de la tyrannie. A leur tête se trouvait ce Philistus qui a publié l'histoire des guerres de Sicile, et d'autres ouvrages du même genre. Denys l'ancien l'avait banni de ses états : comme il a de l'éloquence et de l'audace, on le fit venir de son exil pour l'opposer à Platon. A peine fut-il arrivé, que Dion fut exposé à de noires calomnies : on rendit sa fidélité suspecte ; on empoisonnait toutes ses paroles, toutes ses actions. Conseillait-il de réformer, à la paix, une partie des troupes et des galères ? il voulait, en affaiblissant l'autorité royale, faire passer la couronne aux enfans que sa sœur avait eus de Denys l'ancien. Forçait-il son élève à méditer sur les principes d'un sage gouvernement ? le roi, disait-on, n'est plus qu'un disciple de l'académie, qu'un philosophe condamné, pour le reste de ses jours, à la recherche d'un bien chimérique.

» En effet, ajouta Platon, on ne parlait à Syracuse que de deux conspirations : l'une, de la philosophie contre le trône ; l'autre, de toutes les passions contre la philosophie. Je fus accusé de favoriser la première, et de profiter de mon ascendant sur Denys pour lui tendre des piéges. Il est vrai que, de concert avec Dion, je lui disais que, s'il voulait se couvrir de gloire, et même augmenter sa puissance, il devait se composer un trésor d'amis vertueux, pour leur confier les magistratures et les emplois; rétablir les villes grecques détruites par les Carthaginois, et leur donner des lois sages, en attendant qu'il pût leur rendre la liberté; prescrire enfin des bornes à son autorité, et devenir le roi de ses sujets, au lieu d'en être le tyran. Denys paraissait quelquefois touché de nos conseils; mais les anciennes préventions contre mon ami, sans cesse entretenues par des insinuations perfides, subsistaient au fond de son âme. Pendant les premiers mois de mon séjour à Syracuse, j'employai tous mes soins pour les détruire; mais, loin de réussir, je voyais le crédit de Dion s'affaiblir par degrés.

» La guerre avec les Carthaginois durait encore, et, quoiqu'elle ne produisît que des hostilités passagères, il était nécessaire de la terminer. Dion, pour en inspirer le désir aux généraux ennemis, leur écrivit de l'instruire des premières négociations, afin qu'il pût leur ménager une paix solide. La lettre tomba, je ne sais comment, entre les mains du roi. Il consulte à l'instant Philistus; et, préparant sa vengeance par une dissimulation profonde, il affecte de rendre ses bonnes grâces à Dion, l'accable de marques de bonté, le conduit sur les bords de la mer, lui montre la lettre fatale, lui reproche sa trahison, et, sans lui permettre un mot d'explication, le fait embarquer sur un vaisseau, qui met aussitôt à la voile.

» Ce coup de foudre étonna la Sicile, et consterna les amis de Dion; on craignait qu'il ne retombât sur nos têtes : le bruit de ma mort se répandit à Syracuse. Mais à cet orage violent succéda tout à coup un calme profond : soit politique, soit pudeur, le roi fit tenir à Dion une somme d'argent, que ce dernier refusa d'accepter. Loin de sévir contre les amis du proscrit, il n'oublia rien pour calmer leurs alarmes : il cherchait en particulier à me consoler; il me conjurait de rester auprès de lui. Quoique ses prières fussent mêlées de menaces, et ses caresses de fureur, je m'en tenais toujours à cette alternative, ou le retour de Dion, ou mon congé. Ne pouvant surmonter ma résistance, il me fit transférer à la citadelle, dans son palais même. On expédia des ordres de tous côtés pour me ramener à Syracuse, si je prenais la fuite; on défendit à tout capitaine de vaisseau de me recevoir sur son bord, à moins d'un exprès commandement de la main du prince.

» Captif, gardé à vue, je le vis redoubler d'empressement et de tendresse pour moi : il se montrait jaloux de mon estime et de mon amitié; il ne pouvait plus souffrir la préférence que mon cœur donnait à Dion; il l'exigeait avec hauteur; il la demandait en suppliant. J'étais sans cesse exposé à des scènes extravagantes : c'étaient des emportemens et des excuses, des outrages et des larmes. Comme nos entretiens devenaient de jour en jour plus fréquens, on publia que j'étais l'unique dépositaire de sa faveur. Ce bruit, malignement accrédité par Philistus et son parti, me rendit odieux au peuple et à l'armée : on me fit un crime des déréglemens du prince et des fautes de l'administration. J'étais bien éloigné d'en être l'auteur : à l'exception du préambule de quelques lois, auquel je travaillai dès mon arrivée en Sicile, j'avais refusé de me mêler des affaires publiques, dans le temps même que j'en pouvais partager le poids avec mon fidèle compagnon; je venais de le perdre. Denys s'était rejeté entre les bras d'un grand nombre de flatteurs perdus de débauche ; et j'aurais choisi ce moment pour donner des avis à un jeune insensé qui croyait gouverner, et qui se laissait gouverner par des conseillers plus méchans, et non moins insensés que lui !

» Denys eût acheté mon amitié au poids de l'or : je la mettais à un plus haut prix. Je voulais qu'il se pénétrât de ma doctrine, et qu'il apprît à se rendre maître de lui-même, pour mériter de commander aux autres : mais il n'aime que la philosophie qui exerce l'esprit, parce qu'elle lui donne occasion de briller. Quand je le ramenais à cette sagesse qui règle les mouvemens de l'âme, je voyais son ardeur s'éteindre ; il m'écoutait avec peine, avec embarras. Je m'aperçus qu'il était prémuni contre mes attaques : on l'avait, en effet, averti qu'en admettant mes principes, il assurerait le retour et le triomphe de Dion.

» La nature lui accorda une pénétration vive, une éloquence admirable, un cœur sensible, des mouvemens de générosité, du penchant pour les choses honnêtes ; mais elle lui refusa un caractère ; et son éducation, absolument négligée, ayant altéré le germe de ses vertus, a laissé pousser des défauts qui heureusement affaiblissent ses vices. Il a de la dureté sans tenue, de la hauteur sans dignité. C'est par faiblesse qu'il emploie le mensonge et la perfidie, qu'il passe des jours entiers dans l'ivresse du vin et des voluptés. S'il avait plus de fermeté, il serait le plus cruel des hommes. Je ne lui connais d'autre force dans l'âme, que l'inflexible roideur avec laquelle il exige que tout plie sous ses volontés passagères : raisons, opinions, sentimens, tout doit être, en certains momens, subordonné à ses lumières; et je l'ai vu s'avilir par des soumissions et des bassesses, plutôt que de supporter l'injure du refus ou de la contradiction. S'il s'acharne maintenant à pénétrer les secrets de la nature, c'est qu'elle ne doit avoir rien de caché pour lui. Dion lui est surtout odieux, en ce qu'il le contrarie par ses exemples et par ses avis.

» Je demandais vainement la fin de son exil et du mien, lorsque la guerre, s'étant rallumée, le remplit de nouveaux soins. N'ayant plus de prétexte pour me retenir, il consentit à mon départ. Nous fîmes une espèce de traité. Je lui promis de venir le rejoindre à la paix; il me promit de rappeler Dion en même temps. Dès qu'elle fut conclue, il eut soin de nous en informer : il écrivit à Dion de différer son retour d'un an ; à moi, de hâter le mien. Je lui répondis sur-le-champ que mon âge ne me permettait point de courir les risques d'un si long voyage, et que, puisqu'il manquait à sa parole, j'étais dégagé de la mienne. Cette réponse ne déplut pas moins à Dion qu'à Denys. J'avais alors résolu de ne plus me mêler de leurs affaires ; mais le roi n'en était que plus obstiné dans son projet : il mendiait des sollicitations de toutes parts ; il m'écrivait sans cesse ; il me faisait écrire par mes amis de Sicile, par les philosophes de l'école d'Italie. Archytas, qui est à la tête de ces derniers, se rendit auprès de lui il me marqua, et son témoignage se trouvait confirmé par d'autres lettres, que le roi était enflammé d'une nouvelle ardeur pour la philosophie, et que j'exposerais ceux qui la cultivent dans ses états, si je n'y retournais au plus tôt. Dion, de son côté, me persécutait par ses instances.

» Le roi ne le rappellera jamais ; il le craint : il ne sera jamais philosophe, il cherche à le paraître. Il pensait qu'auprès de ceux qui le sont véritablement mon voyage pourrait ajouter à sa considération, et mon refus y nuire : voilà tout le secret de l'acharnement qu'il mettait à me poursuivre.

» Cependant, je ne crus pas devoir résister à tant d'avis réunis contre le mien. On m'eût reproché peut-être, un jour, d'avoir abandonné un jeune prince qui me tendait une seconde fois la main pour sortir de ses égaremens; livré à sa fureur les amis que j'ai dans ces contrées lointaines; négligé les intérêts de Dion, à qui l'amitié, l'hospitalité, la reconnaissance, m'attachaient depuis si long-temps. Ses ennemis avaient fait séquestrer ses revenus; ils le persécutaient pour l'exciter à la révolte; ils multipliaient les torts du roi pour le rendre inexorable. Voici ce que Denys m'écrivit : « Nous traite-
» rons d'abord de l'affaire de Dion; j'en
» passerai par tout ce que vous voudrez,
» et j'espère que vous ne voudrez que
» des choses justes. Si vous ne venez
» pas, vous n'obtiendrez jamais rien de
» moi. »

» Je connaissais Dion, son âme a toute la hauteur de la vertu. Il avait supporté paisiblement la violence; mais si, à force d'injustices, on parvenait à l'humilier, il faudrait des torrens de sang pour laver cet outrage. Il réunit à une figure imposante les plus belles qualités de l'esprit et du cœur. Il possède en Sicile des richesses immenses; dans tout le royaume, des partisans sans nombre; dans la Grèce, un crédit qui rangerait sous ses ordres nos plus braves guerriers. J'entrevoyais de grands maux près de fondre sur la Sicile; il dépendait peut-être de moi de les prévenir, ou de les suspendre.

» Il m'en coûta pour quitter de nouveau ma retraite, et aller, à l'âge de près de soixante-dix ans, affronter un despote altier, dont les caprices sont aussi orageux que les mers qu'il me fallait parcourir; mais il n'est point de vertu sans sacrifice, point de philosophie sans pratique. Speusippe voulut m'accompagner, j'acceptai ses offres : je me flattais que les agrémens de son esprit séduiraient le roi, si la force de mes raisons ne pouvait le convaincre. Je partis enfin, et j'arrivai heureusement en Sicile.

» Denys parut transporté de joie, ainsi que la reine et toute la famille royale : il m'avait fait préparer un logement dans le jardin du palais. Je lui représentai, dans notre premier entretien, que, suivant nos conventions, l'exil de Dion devait finir au moment où je retournerais à Syracuse. A ces mots, il s'écria : « Dion n'est pas exilé ; je l'ai seulement éloigné de la cour. — Il est temps de l'en rapprocher, répondis-je, et de lui restituer ses biens, que vous abandonnez à des administrateurs infidèles. » Ces deux articles furent long-temps débattus entre nous, et remplirent plusieurs séances. Dans l'intervalle, il cherchait, par des distinctions et des présens, à me refroidir sur les intérêts de mon ami, et à me faire approuver sa disgrâce ; mais je rejetai des bienfaits qu'il fallait acheter au prix de l'honneur et de l'amitié.

» Quand je voulus sonder l'état de son âme, et ses dispositions à l'égard de la philosophie, il ne me parla que des mystères de la nature, et surtout de l'origine du mal. Il avait ouï dire aux pythagoriciens d'Italie que je m'étais, pendant long-temps, occupé de ce problème ; et ce fut un des motifs qui l'engagèrent à presser mon retour. Il me contraignit de lui exposer quelques unes de mes idées ; je n'eus garde de les étendre, et je dois convenir que le roi ne le désirait point : il était plus jaloux d'étaler quelques faibles solutions qu'il avait arrachées à d'autres philosophes.

» Cependant je revenais toujours inutilement à mon objet principal, celui d'opérer entre Denys et Dion une réconciliation nécessaire à la prospérité de son règne. A la fin, aussi fatigué que lui de mes importunités, je commençai à me reprocher un voyage non moins infructueux que pénible. Nous étions en été, je voulus profiter de la saison pour m'en retourner : je lui déclarai que je ne pouvais plus rester à la cour d'un prince si ardent à persécuter mon ami. Il employa toutes les séductions pour me retenir, et finit par promettre une de ses galères ; mais, comme il était le maître d'en retarder les préparatifs, je résolus de m'embarquer sur le premier vaisseau qui mettrait à la voile.

» Deux jours après, il vint chez moi, et me dit. « L'affaire de Dion est la seule
» cause de nos divisions, il faut la ter-
» miner. Voici tout ce que, par amitié
» pour vous, je puis faire en sa faveur :
» qu'il reste dans le Péloponèse jusqu'à
» ce que le temps précis de son retour
» soit convenu entre lui, moi, vous et
» vos amis ; il vous donnera sa parole de

» ne rien entreprendre contre mon auto-
» rité ; il la donnera de même à vos
» amis, aux siens, et tous ensemble vous
» m'en serez garans. Ses richesses seront
» transportées en Grèce, et confiées à des
» dépositaires que vous choisirez ; il en
» retirera les intérêts, et ne pourra tou-
» cher au fonds sans votre agrément :
» car je ne compte pas assez sur sa fidé-
» lité, pour laisser à sa disposition de si
» grands moyens de me nuire. J'exige en
» même temps que vous restiez encore
» un an avec moi ; et, quand vous parti-
» rez, nous vous remettrons l'argent que
» nous aurons à lui. J'espère qu'il sera
» satisfait de cet arrangement. Dites-moi
» s'il vous convient. »

» Ce projet m'affligea. Je demandai vingt-quatre heures pour l'examiner. Après en avoir balancé les avantages et les inconvéniens, je lui répondis que j'acceptais les conditions proposées, pourvu que Dion les approuvât. Il fut réglé, en conséquence, que nous lui écririons au plus tôt l'un et l'autre, et qu'en attendant on ne changerait rien à la nature de ses biens. C'était le second traité que nous faisions ensemble, et il ne fut pas mieux observé que le premier.

» J'avais laissé passer la saison de la navigation : tous les vaisseaux étaient partis. Je ne pouvais pas m'échapper du jardin à l'insu du garde à qui la porte en était confiée. Le roi, maître de ma personne, commençait à ne plus se contraindre. Il me dit une fois : « Nous avons » oublié un article essentiel. Je n'enver- » rai à Dion que la moitié de son bien; je » réserve l'autre pour son fils, dont je » suis le tuteur naturel, comme frère » d'Arété, sa mère. » Je me contentai de lui dire qu'il fallait attendre la réponse de Dion à sa première lettre, et lui en écrire une seconde pour l'instruire de ce nouvel arrangement.

» Cependant il procédait, sans pudeur, à la dissipation des biens de Dion; il en fit vendre une partie comme il voulut, à qui il voulut, sans daigner m'en parler, sans écouter mes plaintes. Ma situation devenait de jour en jour plus accablante; un événement imprévu en augmenta la rigueur.

» Ses gardes, indignés de ce qu'il voulait diminuer la solde des vétérans, se présentèrent en tumulte au pied de la citadelle, dont il avait fait fermer les portes. Leurs menaces, leurs cris belliqueux et les apprêts de l'assaut l'effrayèrent tellement, qu'il leur accorda plus qu'ils ne demandaient. Héraclide, un des premiers citoyens de Syracuse, fortement soupçonné d'être l'auteur de l'émeute, prit la fuite, et employa le crédit de ses parens pour effacer les impressions qu'on avait données au roi contre lui.

» Quelques jours après, je me promenais dans le jardin; j'y vis entrer Denys et Théodote qu'il avait mandé : ils s'entretinrent quelque temps ensemble, et, s'étant approché de moi, Théodote me dit : « J'avais obtenu pour mon neveu » Héraclide la permission de venir se » justifier, et, si le roi ne le veut pas » souffrir dans ses états, celle de se reti- » rer au Péloponèse avec sa femme, son » fils et la jouissance de ses biens. J'ai » cru devoir, en conséquence, inviter » Héraclide à se rendre ici. Je vais lui en » écrire encore. Je demande à présent » qu'il se montre sans risque, soit à Sy- » racuse, soit aux environs : y consentez- » vous, Denys? J'y consens, répondit le » roi. Il peut même demeurer chez vous » en toute sûreté. »

» Le lendemain matin, Théodote et Eurybius entrèrent chez moi, la douleur

et la consternation peintes sur leurs visages. « Platon, me dit le premier, vous
» fûtes hier témoin de la promesse du roi :
» on vient de nous apprendre que des
» soldats répandus de tous côtés cher-
» chent Héraclide ; ils ont ordre de le
» saisir. Il est peut-être de retour. Nous
» n'avons pas un moment à perdre : ve-
» nez avec nous au palais. » Je les suivis.
Quand nous fûmes en présence du roi,
ils restèrent immobiles et fondirent en
pleurs. Je lui dis : « Ils craignent que,
» malgré l'engagement que vous prîtes
» hier, Héraclide ne coure des risques à
» Syracuse ; car on présume qu'il est re-
» venu. » Denys, bouillonnant de colère,
changea de couleur. Eurybius et Théodote se jetèrent à ses pieds ; et, pendant qu'ils arrosaient ses mains de leurs larmes, je dis à Théodote : « Rassurez-vous,
» le roi n'osera jamais manquer à la pa-
» role qu'il nous a donnée. Je ne vous
» en ai point donné, me répondit-il avec
» des yeux étincelans de fureur. — Et moi
» j'atteste les dieux, repris-je, que vous
» avez donné celle dont ils réclament l'exé-
» cution. » Je lui tournai ensuite le dos,
et me retirai. Théodote n'eut d'autre ressource que d'avertir secrètement Héra-

clide, qui n'échappa qu'avec peine aux poursuites des soldats.

» Dès ce moment, Denys ne garda plus de mesure; il suivit avec ardeur le projet de s'emparer des biens de Dion. Il me fit sortir du palais. Tout commerce avec mes amis, tout accès auprès de lui, m'étaient sévèrement interdits; je n'entendais parler que de ses plaintes, de ses reproches, de ses menaces. Si je le voyais par hasard, c'était pour en essuyer des sarcasmes amers et des plaisanteries indécentes : car les rois, et les courtisans, à leur exemple, persuadés, sans doute, que leur faveur seule fait notre mérite, cessent de considérer ceux qu'ils cessent d'aimer. On m'avertit en même temps que mes jours étaient en danger; et, en effet, des satellites du tyran avaient dit qu'ils m'arracheraient la vie, s'ils me rencontraient.

» Je trouvai le moyen d'instruire de ma situation Architas et mes autres amis de Tarente. Avant mon arrivée, Denys leur avait donné sa foi que je pourrais quitter la Sicile quand je le jugerais à propos; il m'avait donné la leur pour garant de la sienne : je l'invoquai dans cette occasion. Bientôt arrivèrent des députés de Tarente; après s'être acquittés d'une commission qui avait servi de prétexte à l'ambassade, ils obtinrent enfin ma délivrance.

» En revenant de Sicile, je débarquai en Elide, et j'allai aux jeux olympiques, où Dion m'avait promis de se trouver. Je lui rendis compte de ma mission, et je finis par lui dire : « Jugez vous-même du pouvoir que la philosophie a sur l'esprit du roi de Syracuse. »

» Dion, indigné des nouveaux outrages qu'il venait de recevoir en ma personne, s'écria tout à coup : « Ce n'est plus à
» l'école de la philosophie qu'il faut con-
» duire Denys, c'est à celle de l'adversité,
» et je vais lui en ouvrir le chemin. Mon
» ministère est donc fini ? lui répondis-je.
» Quand mes mains seraient encore en
» état de porter les armes, je ne les
» prendrais pas contre un prince avec
» qui j'eus en commun la même maison,
» la même table, les mêmes sacrifices;
» qui, sourd aux calomnies de mes enne-
» mis, épargna des jours dont il pouvait
» disposer; à qui j'ai promis cent fois de
» ne jamais favoriser aucune entreprise
» contre son autorité. Si, ramenés un
» jour l'un et l'autre à des vues pacifiques,

» vous avez besoin de ma médiation, je
» vous l'offrirai avec empressement ;
» mais, tant que vous méditerez des pro-
» jets de destruction, n'attendez ni con-
» seils ni secours de ma part. »

» J'ai pendant trois ans employé divers prétextes pour le tenir dans l'inaction ; mais il vient de me déclarer qu'il est temps de voler au secours de la patrie. Les principaux habitans de Syracuse, las de la servitude, n'attendent que son arrivée pour en briser le joug. J'ai vu leurs lettres : ils ne demandent ni troupes, ni vaisseaux, mais son nom pour les autoriser, et sa présence pour les réunir. Ils lui marquent aussi que son épouse, ne pouvant plus résister aux menaces et aux fureurs du roi, a été forcée de contracter un nouvel hymen. La mesure est comblée. Dion va retourner au Péloponèse ; il y levera des soldats, et, dès que ses préparatifs seront achevés, il passera en Sicile. »

Tel fut le récit de Platon. Nous prîmes congé de lui, et le lendemain nous partîmes pour la Béotie.

CHAPITRE VII.

Voyage de la Béotie. Antre de Trophonius. Hésiode. Pindare.

On voyage avec beaucoup de sûreté dans toute la Grèce : on trouve des auberges dans les principales villes et sur les grandes routes ; mais on y est rançonné sans pudeur. Comme le pays est presque partout couvert de montagnes et de collines, on ne se sert de voitures que pour les petits trajets : encore est-on souvent obligé d'employer l'enrayure. Il faut préférer les mulets pour les voyages de long cours, et mener avec soi quelques esclaves pour porter le bagage.

Outre que les Grecs s'empressent d'accueillir les étrangers, on trouve dans les principales villes des proxènes chargés de ce soin : tantôt ce sont des particuliers en liaison de commerce ou d'hospitalité avec des particuliers d'une autre ville ; tantôt ils ont un caractère public, et sont reconnus pour les agens d'une ville ou d'une nation, qui, par un décret solennel, les a choisis avec l'agrément du peuple auquel ils appartiennent; enfin il en est qui gèrent à la fois les affaires d'une ville étrangère et de quelques uns de ses citoyens.

En quelques endroits, de simples citoyens prévenaient d'eux-mêmes nos désirs, dans l'espérance d'obtenir la bienveillance des Athéniens, dont ils désiraient d'être les agens, et de jouir, s'ils venaient à Athènes, de quelques prérogatives attachées à ce titre.

Nous partîmes d'Athènes dans les premiers jours du mois munychion, la troisième année de la cent cinquième olympiade (au printemps de l'année 357 avant J.-C.). Nous arrivâmes, le soir même, à Orope, par un chemin assez rude, mais ombragé en quelques endroits de bois de lauriers. Cette ville, située sur les confins de la Béotie et de l'Attique, est éloignée de la mer d'environ vingt stades.

Auprès, dans un endroit embelli par des sources d'une eau pure, est le temple d'Amphiaraüs. Il fut un des chefs de la guerre de Thèbes; et, comme il y faisait les fonctions de devin, on supposa qu'il rendait des oracles après sa mort. Ceux qui viennent implorer ses lumières doivent s'abstenir de vin pendant trois jours, et de toute nourriture pendant vingt-quatre heures. Ils immolent ensuite un belier auprès de sa statue, en étendent la peau sur le parvis, et s'endorment dessus. Le dieu, à ce qu'on prétend, leur apparaît en songe, et répond à leurs questions.

A la distance de trente stades, on trouve, sur une hauteur, la ville de Tanagra, dont les maisons sont, en grande partie, ornées de peintures encaustiques et de vestibules. Le territoire de cette ville est couvert d'oliviers et produit le meilleur vin de la Béotie.

Quoique les habitans soient riches, ils ne connaissent ni le luxe, ni les excès qui en sont la suite. Ils sont très pieux, fuient l'oisiveté, et, détestant les gains illicites, vivent contens de leur sort. Je crois avoir découvert le secret de leurs vertus : ils préfèrent l'agriculture aux autres arts.

Corinne était de Tanagra : elle cultiva la poésie avec succès. Nous vîmes son tombeau dans le lieu le plus apparent de la ville, et son portrait dans le gymnase. Quand on lit ses ouvrages, on demande pourquoi, dans les combats de poésie, ils furent si souvent préférés à ceux de Pindare; mais quand on voit son portrait, on demande pourquoi ils ne l'ont pas toujours été.

Après avoir fait deux cents stades, nous arrivâmes à Platée, ville autrefois puissante, aujourd'hui ensevelie sous ses ruines. Elle était située au pied du mont Cythéron, dans cette belle plaine qu'arrose l'Asopus, et dans laquelle Mardonius fut défait à la tête de trois cent mille Perses.

Depuis la bataille de Platée, les habitans de cette ville s'unirent aux Athéniens, et secouèrent le joug des Thébains, qui se regardaient comme leurs fondateurs, et qui, dès ce moment, devinrent pour eux des ennemis implacables. Pendant la guerre du Péloponèse, les Thébains attaquèrent et détruisirent deux fois la ville de Platée. Il n'y reste plus aujourd'hui que les temples, respectés par les vainqueurs, quelques maisons, et une grande hôtellerie pour ceux qui viennent en ces lieux offrir des sacrifices.

Nous vîmes le temple de Minerve, construit des dépouilles des Perses enlevées à Marathon. Polygnote y représenta le retour d'Ulysse dans ses états, et le massacre qu'il fit des amans de Pénélope. La statue de la déesse est de la main de Phidias, et d'une grandeur extraordinaire : elle est de bois doré; mais le visage, les mains et les pieds sont de marbre.

Nous passâmes ensuite par la bourgade de Leuctres et la ville de Thespies, qui devront leur célébrité à de grands désastres. Cette dernière cité ayant été détruite en même temps que Platée, on n'y a respecté que les temples, monumens sacrés.

Nous fûmes bientôt sur l'Hélicon, sur cette montagne si renommée pour la pureté de l'air, l'abondance des eaux, la fertilité des vallées, la fraîcheur des ombrages. Les paysans des environs nous assuraient que les plantes y sont tellement salutaires, qu'après s'en être nourris, les serpens n'ont plus de venin.

Les Muses règnent sur l'Hélicon : leur histoire ne présente que des traditions absurdes; mais leurs noms indiquent leur origine. Il paraît en effet que les premiers poëtes, frappés des beautés de la nature, se laissèrent aller au besoin d'invoquer les nymphes des bois, des montagnes, des fontaines, et que, cédant au goût de l'allégorie, ils les désignèrent par des noms relatifs à l'influence qu'elles pouvaient avoir sur les productions de l'esprit. Ils ne reconnurent d'abord que trois Muses, Mélété, Mnémé, Aædé, c'est-à-dire la *méditation*, la *mémoire* et le *chant*. A mesure que l'art des vers fit des progrès, on en personnifia les caractères et les effets; le nombre des Muses s'accrut : dans la suite, on leur associa les Grâces, qui doivent embellir la poésie, et l'Amour, qui en est si souvent l'objet.

Ces idées naquirent dans un pays barbare, dans la Thrace, où, au milieu de l'ignorance, parurent tout à coup Orphée, Linus et leurs disciples. Les Muses y furent honorées sur les monts de la Piérie; et de là, étendant leurs conquêtes, elles s'établirent successivement sur le Pinde, le Parnasse, l'Hélicon, dans tous les lieux solitaires, où les peintres de la nature, entourés des plus riantes images, éprouvent la chaleur de l'inspiration divine.

Non loin de là nous trouvâmes l'antre de Trophonius.

Trophonius était un architecte qui, conjointement avec son frère Agamède, construisit le temple de Delphes. Les uns disent qu'ils y pratiquèrent une issue secrète, pour voler pendant la nuit les trésors qu'on y déposait, et qu'Agamède ayant été pris dans un piége tendu à dessein, Trophonius, pour écarter tout soupçon, lui coupa la tête, et fut, quelque temps après, englouti dans la terre entr'ouverte sous ses pas. D'autres soutiennent que les deux frères, ayant achevé le temple, supplièrent Apollon de leur accorder une récompense; que le dieu leur répondit qu'ils la recevraient sept jours après; et que, le septième jour étant passé, ils trouvèrent la mort dans un sommeil paisible. On ne varie pas moins sur les raisons qui ont mérité les honneurs divins à Trophonius. Presque tous les objets du culte des Grecs ont des origines qu'il est impossible d'approfondir, et inutile de discuter.

Le chemin qui conduit à l'antre de Trophonius est entouré de temples et de statues. Cet antre, creusé un peu au-dessus du bois sacré, offre d'abord aux yeux une espèce de vestibule entouré d'une balustrade de marbre blanc, sur laquelle s'élèvent des obélisques de bronze; de là on entre dans une grotte taillée à la pointe du marteau. C'est là que se trouve la bouche de l'antre. On y descend par le moyen d'une échelle; et, parvenu à une certaine profondeur, on ne trouve plus qu'une ouverture extrêmement étroite: il faut y passer les pieds, et quand, avec bien de la peine, on y a introduit le reste du corps, on se sent entraîner avec la rapidité d'un torrent jusqu'au fond du souterrain. Est-il question d'en sortir? on est relancé la tête en bas avec la même force et la même vitesse. Des compositions de miel qu'on est obligé de tenir, ne permettent pas de porter la main sur les ressorts employés pour accélérer la descente ou le retour; mais, pour écarter tout soupçon de supercherie, les prêtres supposent que l'antre est rempli de serpens, et qu'on se garantit de leurs morsures en leur jetant ces gâteaux de miel.

On ne doit s'engager dans la caverne que pendant la nuit, qu'après de longues préparations, qu'à la suite d'un examen rigoureux. On passe quelques jours dans une chapelle consacrée à la fortune et au bon génie, faisant usage de bains froids, s'abstenant de vin et de toutes les choses condamnées par le rituel, se nourrissant des victimes qu'on a dû offrir soi-même.

On reste plus ou moins de temps dans la caverne; on en sort troublé, hors de soi, et on garde de ce désordre un tel fonds de tristesse, qu'on a coutume de dire proverbialement d'un homme excessivement triste : *Il vient de l'antre de Trophonius*.

Nous descendîmes de la montagne, et, quelques jours après, nous prîmes le chemin de Thèbes. Nous passâmes par Chéronée, dont les habitans ont pour objet principal de leur culte le sceptre que Vulcain fabriqua par ordre de Jupiter, et qui de Pélops passa successivement entre les mains d'Atrée, de Thyeste et d'Agamemnon.

De Chéronée, nous nous rendîmes à Thèbes. Cette ville, une des plus considérables de la Grèce, est entourée de murs, et défendue par des tours. On y entre par sept portes : son enceinte est de quarante-trois stades (un peu plus d'une lieue et demie). La citadelle est placée sur une éminence, où s'établirent les premiers habitans de Thèbes. Ses dehors sont embellis par deux rivières, des prairies et des jardins. Parmi les magnificences qui décorent les édifices publics, on voit des statues de la plus grande beauté, érigées, soit en l'honneur des dieux, soit en l'honneur d'illustres Thébains. Entre ces dernières, je cherchai en vain celle de Pindare.

On trouve ici, de même que dans la plupart des villes de la Grèce, un théâtre, un gymnase et une grande place publique, entourée de temples et de plusieurs autres édifices dont les murs sont couverts des armes que les Thébains enlevèrent aux Athéniens après la bataille de Délium. Du reste de ces glorieuses dépouilles, ils construisirent dans le même endroit un superbe portique décoré par quantité de statues de bronze.

La ville est très peuplée : ses habitans sont, comme ceux d'Athènes, divisés en trois classes ; la première comprend les citoyens, la seconde les étrangers régnicoles, la troisième les esclaves.

Thèbes est non-seulement le boulevard de la Béotie, mais on peut dire encore qu'elle en est la capitale. Elle se trouve à la tête d'une grande confédération, composée des principales villes de la Béotie. Onze chefs, connus sous le nom de Béotarques, président la diète : ils ont une grande influence sur les délibérations, et commandent les armées. Les Béotarques doivent, sous peine de mort, se dépouiller de leur pouvoir à la fin de l'année, fussent-ils à la tête d'une armée victorieuse, et sur le point de remporter de plus grands avantages.

La Béotie est plus fertile que l'Attique : par l'heureuse situation de ses ports, elle commerce d'un côté avec l'Italie, la Sicile et l'Afrique, et de l'autre avec l'Egypte, l'île de Chypre, la Macédoine et l'Hellespont.

Les Béotiens ont beaucoup de goût pour la musique; presque tous apprennent à jouer de la flûte. Depuis la bataille de Leuctres, ils se livrent avec plus d'ardeur aux plaisirs de la table.

L'air est très pur dans l'Attique, et très épais dans la Béotie, quoique ce dernier pays ne soit séparé du premier que par le mont Cythéron : cette différence paraît en produire une semblable dans les esprits, car les Béotiens n'ont, en général, ni cette pénétration, ni cette vivacité qui caractérisent les Athéniens; mais peut-être faut-il en accuser encore plus l'éducation que la nature.

Cependant il ne faut pas croire que la

Béotie ait été stérile en hommes de génie: Epaminondas n'était pas moins distingué par ses connaissances que par ses talens militaires; c'est en Béotie que reçurent le jour Hésiode, Corinne et Pindare.

Hésiode a laissé un nom célèbre, et des ouvrages estimés. Son style élégant et harmonieux flatte agréablement l'oreille, et se ressent de cette simplicité antique, qui n'est autre chose qu'un rapport exact entre le sujet, les pensées et les expressions.

Hésiode excella dans un genre de poésie qui demande peu d'élévation; Pindare, dans celui qui en exige le plus.

Ce dernier florissait au temps de l'expédition de Xerxès, et vécut environ soixante-cinq ans. Il s'exerça dans tous les genres de poésie, et dut principalement sa réputation aux hymnes qu'on lui demandait, soit pour honorer les fêtes des dieux, soit pour relever le triomphe des vainqueurs aux jeux de la Grèce.

Son génie vigoureux et indépendant ne s'annonce que par des mouvemens irréguliers, fiers et impétueux. Les dieux sont-ils l'objet de ses chants, il s'élève comme un aigle jusqu'au pied de leurs trônes. Si ce sont les hommes, il se précipite dans la lice comme un coursier fougueux : dans les cieux, sur la terre, il roule, pour ainsi dire, un torrent d'images sublimes, de métaphores hardies, de pensées fortes et de maximes étincelantes de lumière.

A Delphes, pendant les jeux pythiques, on l'obligeait de se placer, couronné de lauriers, sur un siége élevé. Là, prenant sa lyre, il faisait entendre ces sons ravissans qui excitaient de toutes parts des cris d'admiration, et faisaient le plus bel ornement des fêtes. Dès que les sacrifices étaient achevés, le prêtre d'Apollon l'invitait solennellement au banquet sacré. En effet, par une distinction éclatante et nouvelle, l'oracle avait ordonné de lui réserver une portion des prémices que l'on offrait au temple.

Les Thébains sont courageux, insolens, audacieux et vains; ils passent rapidement de la colère à l'insulte, et du mépris des lois à l'oubli de l'humanité. Le moindre intérêt donne lieu à des injustices criantes, et le moindre prétexte à des assassinats. Les femmes sont grandes, bien faites, blondes pour la plupart; leur démarche est noble, et leur parure assez élégante. En public, elles couvrent leur visage de manière à ne laisser voir que les yeux ; leurs cheveux sont noués au-dessus de la tête, et leurs pieds, comprimés dans des mules teintes en pourpre, et si petites, qu'ils restent presque entièrement à découvert : leur voix est infiniment douce et sensible ; celle des hommes est rude et désagréable, et en quelque façon asssortie à leur caractère.

On chercherait en vain les traits de ce caractère dans trois cents jeunes guerriers qu'on appelle le bataillon sacré. Ils sont élevés en commun, et nourris dans la citadelle, aux dépens du public. Les sons mélodieux d'une flûte dirigent leurs exercices, et jusqu'à leurs amusemens. Pour empêcher que leur valeur ne dégénère en une fureur aveugle, on imprime dans leur âme le sentiment le plus noble et le plus vif.

Il faut que chaque guerrier se choisisse dans le corps un ami, auquel il reste inséparablement uni : toute son ambition est de lui plaire, de mériter son estime, de partager ses plaisirs et ses peines. Un de ces guerriers, dans le fort de la mêlée, fût renversé le visage contre terre. Comme il vit un soldat ennemi prêt à lui enfoncer l'épée dans les reins : « Attendez, » lui dit-il en se soulevant : plongez ce » fer dans ma poitrine ; mon ami aurait » trop à rougir, si l'on pouvait soupçon- » ner que j'eusse reçu la mort en prenant » la fuite. »

Philippe détruisit à Chéronée cette cohorte jusqu'alors invincible ; et ce prince, en voyant ces jeunes Thébains étendus sur le champ de bataille, couverts de blessures honorables, et pressés les uns contre les autres dans le même poste qu'ils avaient occupé, ne put retenir ses larmes, et rendit un témoignage éclatant à leur vertu ainsi qu'à leur courage.

Un secret frémissement me saisit à l'entrée de ce fameux défilé des Thermopyles, où quatre mille Grecs arrêtèrent durant plusieurs jours l'armée innombrable des Perses, et dans lequel périt Léonidas avec les trois cents Spartiates qu'il commandait.

Nous le parcourûmes plusieurs fois : nous visitâmes les *Thermes*, ou bains chauds qui lui font donner le nom de Thermopyles ; nous vîmes la petite colline sur laquelle les compagnons de Léonidas se retirèrent après la mort de ce héros ; nous les suivîmes à l'autre extrémité du détroit, jusqu'à la tente de Xerxès, qu'il avait résolu d'immoler au milieu de son armée.

Auprès de nous étaient les monumens que l'assemblée des Amphictyons fit élever : ce sont de petits cippes en l'honneur des trois cents Spartiates et des différentes troupes grecques qui combattirent. Sur un premier, nous lûmes : « C'est ici que » quatre mille Grecs du Péloponèse ont » combattu contre trois millions de Per» se. » Nous approchâmes d'un second, et nous y lûmes ces mots de Simonide : « Passant, va dire à Lacédémone que » nous reposons ici pour avoir obéi à ses » saintes lois. »

Avec quel sentiment de grandeur, avec quelle sublime indifférence a-t-on annoncé de pareilles choses à la postérité ! Le nom de Léonidas et ceux de ses trois cents compagnons ne sont point dans cette seconde inscription ; c'est qu'on ne soupçonnait pas qu'ils pussent être jamais oubliés. Auprès de ces monumens funèbres est un trophée que Xerxès fit élever, et qui honore plus les vaincus que les vainqueurs.

FIN DU PREMIER VOLUME.

TABLE
DES CHAPITRES
CONTENUS DANS CE PREMIER VOLUME.

INTRODUCTION. Page 1

CHAPITRE PREMIER. *Départ de Scythie. Le Pont-Euxin. Etat de la Grèce, depuis la prise d'Athènes jusqu'au moment du voyage (l'an 363 avant Jésus-Christ). Arrivée à Byzance. Colonies grecques. Détroit de l'Hellespont. Voyage de Byzance à Lesbos.* 55

CHAP. II. *Description de Lesbos. Pittacus, Arion, Terpandre, Alcée, Sapho. Description de l'Eubée, de Chalcis et de Thèbes. Epaminondas. Philippe de Macédoine. Description d'Athènes. Académie, Lycée, Gymnase, etc.* 71

Chap. III. Voyage à Corinthe. Xénophon. Timoléon. Etat militaire des Athéniens. Séance au théâtre. 109

Chap. IV. Bataille de Mantinée. Mort d'Epaminondas. Voyage de la Phocide. Jeux pythiques. Oracle de Delphes. Mort d'Agésilas. Avénement de Philippe au trône de Macédoine. 124

Chap. V. De la Religion; des Ministres sacrés. 156

Chap. VI. Démélés entre Denys le jeune, roi de Syracuse, et Dion, son beau-frère. Voyage de Platon en Sicile. 173

Chap. VII. Voyage de la Béotie. Antre de Trophonius. Hésiode. Pindare. 199

FIN DE LA TABLE DES CHAPITRES.

. . . .

droits fixes, propor-

. . . .

issement des

. . . .

ributions directes de
times additionnels et

. . . .

www.ingramcontent.com/pod-product-compliance
Lightning Source LLC
Chambersburg PA
CBHW051859160426
43198CB00012B/1668